Atendimento publicitário:
prospecção de clientes, comunicação e planejamento

Kalyenne de Lima Antero

Rua Clara Vendramin, 58 | Mossunguê
CEP 81200-170 | Curitiba | PR | Brasil
Fone: (41) 2106-4170
www.intersaberes.com
editora@intersaberes.com.br

Conselho editorial | Dr. Ivo José Both (presidente) | Dr.ª Elena Godoy | Dr. Neri dos Santos | Dr. Ulf Gregor Baranow
Editora-chefe | Lindsay Azambuja
Gerente editorial | Ariadne Nunes Wenger
Assistente editorial | Daniela Viroli Pereira Pinto
Edição de texto | Camila Cristiny da Rosa | Letra & Língua Ltda. - ME | Monique Francis Fagundes Gonçalves
Capa | Charles L. da Silva (design) | Jacob Lund/Shutterstock (imagem)
Projeto gráfico | Silvio Gabriel Spannenberg (design) | Rawpixel.com/Shutterstock (imagens)
Diagramação | Andreia Rasmussen
Equipe de design | Débora Gipiela | Charles L. da Silva
Iconografia | Regina Claudia Cruz Prestes

Dados Internacionais de Catalogação na Publicação (CIP)
(Câmara Brasileira do Livro, SP, Brasil)

Antero, Kalyenne de Lima
　Atendimento publicitário: prospecção de clientes, comunicação e planejamento/ Kalyenne de Lima Antero. Curitiba: InterSaberes, 2021. (Série Mundo da Publicidade e Propaganda).

　Bibliografia.
　ISBN 978-65-5517-953-8

　1. Agências de propaganda – Serviço ao cliente 2. Comunicação em marketing 3. Publicidade – Administração 4. Publicidade – Planejamento I. Título.

21-55777　　　　　　　　　　　　　　　　　　　　　　　　　　　　　CDD-659.11251

Índice para catálogo sistemático:
1. Agências de propaganda: Administração　659.1125

Cibele Maria Dias – Bibliotecária – CRB-8/9427

1ª edição, 2021.
Foi feito o depósito legal.
Informamos que é de inteira responsabilidade da autora a emissão de conceitos.
Nenhuma parte desta publicação poderá ser reproduzida por qualquer meio ou forma sem a prévia autorização da Editora InterSaberes.
A violação dos direitos autorais é crime estabelecido na Lei n. 9.610/1998 e punido pelo art. 184 do Código Penal.

Sumário

5 Apresentação
7 Como aproveitar ao máximo este livro

11 **1 Atendimento e planejamento na publicidade**
14 1.1 O atendimento no mercado publicitário
33 1.2 Planejamento publicitário e mídia
46 1.3 Teoria e prática publicitária

59 **2 A importância da prospecção de clientes**
61 2.1 A prospecção de clientes
81 2.2 *Copywriting*: como funciona?
87 2.3 Gerenciamento de contas nas redes sociais

103 **3 Modelos de relacionamento e remuneração na comunicação publicitária**
106 3.1 O relacionamento entre agências e clientes
114 3.2 Marketing de relacionamento
125 3.3 Remuneração de serviços da comunicação
131 3.4 *Inbound* e *outbound* marketing

147 **4 Comunicação integrada**
149 4.1 Definindo a comunicação integrada e suas especificidades
161 4.2 Comunicação e gestão organizacional
174 4.3 A comunicação administrativa
178 4.4 Gerenciamento do processo de comunicação

193	5	**A comunicação ao longo do tempo**
195	5.1	Planejamento
207	5.2	Plano de comunicação
218	5.3	Planejamento de mídia
222	5.4	Planejamento de mídia
230	5.5	Pensamento estratégico e ferramentas de comunicação
239	6	**Elaboração e apresentação de uma campanha publicitária**
241	6.1	Como elaborar e apresentar uma campanha publicitária
245	6.2	Campanha institucional e promocional
249	6.3	Etapas do planejamento de uma campanha: o *briefing*
254	6.4	Como alcançar o objetivo da campanha: estratégias
259	6.5	Como comunicar o conceito criativo
264	6.6	A influência da psicologia nas campanhas publicitárias
267	6.7	A linguagem na campanha
270	6.8	A estética na campanha publicitária

277 Considerações finais
278 Bibliografia comentada
282 Referências
292 Sobre a autora

Apresentação

Nos dias atuais, a publicidade já conseguiu ocupar diversos lugares na vida das pessoas. São anúncios na televisão, no rádio, nos *outdoors* e nas mídias digitais que orientam, direcionam e influenciam os consumidores. Para que essas estratégias funcionem, alguns eixos precisam estar interligados nesse campo.

Um deles é o relacionamento entre o cliente e a empresa, que, se bem definido, pode ajudar no desenvolvimento de estratégias e sucesso de vendas. Essa é uma das importantes etapas do atendimento publicitário. Além dela, o publicitário precisa entender como funciona o planejamento na publicidade. Na execução dessas e de outras atividades, o *briefing* é um instrumento essencial a ser utilizado.

Esta obra oferece ao leitor possibilidades para pensar o uso do *storytelling*, entre outras técnicas publicitárias. É no campo do atendimento que as agências e seus colaboradores refletem sobre a prospecção de captar novos clientes e como esse público tem se comportado com tantas mudanças. Parte desse cenário inclui as agências de publicidade do futuro e a importância de profissionais como um *copywriter*.

O marketing de conteúdo ganha notoriedade e nós buscamos dissertar sobre o assunto nesta obra. Muito além das nomenclaturas, devemos perceber como cada um desses conceitos pode auxiliar no desempenho da empresa, na melhoria do atendimento e na fidelização e captação de novos clientes. Afinal, esses elementos são parte de conquista para o sucesso do relacionamento entre clientes, parceiros e equipes publicitárias.

Como aproveitar ao máximo este livro

Empregamos nesta obra recursos que visam enriquecer seu aprendizado, facilitar a compreensão dos conteúdos e tornar a leitura mais dinâmica. Conheça a seguir cada uma dessas ferramentas e saiba como elas estão distribuídas no decorrer deste livro para bem aproveitá-las.

Conteúdos do capítulo

Logo na abertura do capítulo, relacionamos os conteúdos que nele serão abordados.

Conteúdos do capítulo
- Atendimento
- Planejamento
- *Briefing.*
- *Brainstorm.*
- Mídia.
- *Golden Circle.*
- *Storytelling.*

Após o estudo deste capítulo, você será capaz de:

Antes de iniciarmos nossa abordagem, listamos as habilidades trabalhadas no capítulo e os conhecimentos que você assimilará no decorrer do texto.

Após o estudo deste capítulo, você será capaz de:

1. definir os conceitos mento publi
2. identificar h profissional
3. aprender co que estão n
4. compreende sobre o assu
5. visualizar os reconfigurad

Para saber mais

Assista à série *Mad Men: inven[tando a] verdade*, de 2007. Essa série te[...] dos anos 1960 e 1970 em Nova [...] mostra um grupo de pessoas [...] publicitária ficcional. O telespe[ctador...] gonista Donald Draper, que é diretor d[...] seus sócios e funcionários, bem como [...] soais. Vencedora de vários prêmios, *M[ad Men é uma]* excelente aula sobre capitalismo, prop[aganda,] atendimento e relacionamento com o [...] costumes e estigmas de décadas pass[adas.]

Para saber mais Sugerimos a leitura de diferentes conteúdos digitais e impressos para que você aprofunde sua aprendizagem e siga buscando conhecimento.

Perguntas & respostas

Quais são as características essenciais [do atendi]mento publicitário?

[Para] exercer um bom atendimento publ[icitário, o profissiona]l precisa ser um bom ouvinte, afina[l, ele precisa ente]nder qual o desejo de execução d[o cliente. O clie]nte pode ter dificuldades de verba[lizar o que deseja,] logo, o atendimento publicitário deve es[tar apto a fazer] as perguntas corretas e que ajudem o cli[ente a construir] um bom *briefing* é outra importante hab[ilidade para] o atendimento, bem como o conhecime[nto das ferra]mentas e das possibilidades do marketi[ng.]

Perguntas & respostas Nesta seção, respondemos a dúvidas frequentes relacionadas aos conteúdos do capítulo.

Exemplificando

O *briefing* é um instrumento de comu[nicação] atribuído ao atendimento publicitário[. É um] documento composto por in[formações] a ser executadas em uma ca[mpanha.]

Exemplo disso são as campan[has da] Heineken. Em uma delas, há u[ma cena em que] a cerveja é associada ao futeb[ol, em bares] e nas reuniões em casa com o[s amigos] presente. Todos esses grupos, apesar [de serem] diversos, acompanham os jogos de fu[tebol com a bebida] alcoólica. Naturalmente, o sucesso da [campanha...]

Exemplificando Disponibilizamos, nesta seção, exemplos para ilustrar conceitos e operações descritos ao longo do capítulo a fim de demonstrar como as noções de análise podem ser aplicadas.

Exercícios resolvidos Nesta seção, você acompanhará passo a passo a resolução de alguns problemas complexos que envolvem os assuntos trabalhados no capítulo.

Exercício resolvido

Imagine uma agência, recém-lançada n[o]
tário catarinense. Apesar de nova, ela já
s clientes consolidados, como uma
m cervejas e outra do ramo autom
distintas, alguns desafios se impõe
conciliar demandas tão diversifica
one a alternativa que melhor cont
problema:

a) Toda agência de publicidade deve
multidisciplinar. Assim, é necessá
sionais passem por um processo

Síntese

- A função do atendimento pu[b]
  clientes ideais para a agência
  nortear a campanha, ser cap
  com o cliente, além de mant
- O *briefing* é um documento q
  mações sobre o cliente e a c
  Entre os dados que aparecen
  o público-alvo, o produto ou serviço
- O *brainstorm* é uma técnica que busc
  vidade e a geração de ideias de uma
  pode ser utilizada em diversas situaç

Síntese Ao final de cada capítulo, relacionamos as principais informações nele abordadas a fim de que você avalie as conclusões a que chegou, confirmando-as ou redefinindo-as.

Estudo de caso Nesta seção, relatamos situações reais ou fictícias que articulam a perspectiva teórica e o contexto prático da área de conhecimento ou do campo profissional em foco com o propósito de levá-lo a analisar tais problemáticas e a buscar soluções.

Estudo de caso

Texto introdutório

sente estudo aborda um *case* sobr
citária que utilizou a técnica de *sto*
mpresa do ramo de cuidados com
al e beleza contou uma história de
e causou identificação em uma pl
ória foi tão convincente e bem con
cussão, conseguiu vender o produ
das características predominantes
ivo e de conexão do comercial.

1
Atendimento e planejamento na publicidade

Conteúdos do capítulo

- Atendimento publicitário.
- Planejamento publicitário.
- *Briefing*.
- *Brainstorm*.
- Mídia.
- *Golden Circle*.
- *Storytelling*.

Após o estudo deste capítulo, você será capaz de:

1. definir os conceitos de atendimento e planejamento publicitário;
2. identificar habilidades para se tornar um profissional de ambas as áreas;
3. aprender com os exemplos de profissionais que estão no mercado de trabalho;
4. compreender o que a literatura tem produzido sobre o assunto;
5. visualizar os cargos e como eles estão sendo reconfigurados para o futuro.

Um dos grandes pilares de uma agência de publicidade é o relacionamento. Essa forma de estabelecer contato é fundamental para o desenvolvimento de estratégias e para o sucesso de vendas. Nesse sentido, o publicitário precisa ter noções dos espaços que ele pode ocupar e de que maneira pode torná-los eficiente.

Essa é nossa estratégia quando pensamos em apresentar a você este primeiro capítulo. A intenção é que você aprenda mais sobre o ambiente do atendimento e do planejamento publicitários, de que modo esses campos estão interligados e como eles podem ajudar na melhoria da qualidade de serviços prestados ao cliente.

Para tanto, traçamos um panorama do que é o atendimento publicitário, como identificá-lo no dia a dia e o que é necessário para seguir essa carreira.

Sabe aquela palavra tão falada no cotidiano, o "*briefing*"? Se você ainda não aprendeu o que ela significa, vamos ajudá-lo a compreendê-la de um modo descomplicado, afinal ela faz parte do cotidiano dos publicitários.

Além disso, as próximas páginas explicam como o planejamento publicitário é necessário para que você esteja à frente e obtenha vantagens na hora de fechar um negócio. Toda essa discussão será pautada em ferramentas e pesquisas de mercado, bem como no que está sendo desenvolvido e pesquisado nas universidades. Dessa forma, você vai estar mais preparado(a) para as mudanças no mercado de trabalho.

1.1
O atendimento no mercado publicitário

O atendimento e o planejamento publicitários são assuntos que, como tantos outros, têm passado por transformações. Isso ocorre em razão das evoluções de uma sociedade inserida na contemporaneidade, que acarretam mudanças no mercado de trabalho, nas exigências e nas habilidades de um profissional, inclusive nos setores e nas agências de publicidade.

Essas mudanças já são sinalizadas quando algumas áreas passam a ter diferentes nomenclaturas e novos arranjos no que diz respeito às funções do mercado publicitário.

Estamos falando, especificamente, do setor de atendimento na publicidade. Um estudo exploratória realizada pelos pesquisadores Izoton, Mozer e Souza (2019) identificou que, embora muitas agências ainda preservem a nomenclatura *atendimento* e os afazeres dessa função, há agências que atribuem focos diferentes para o mesmo nome.

As agências internacionais, por sua vez, já adotam designações que fogem do tradicional na publicidade. Na percepção desses autores, tais mudanças podem demonstrar as novas formas de relacionamentos dos publicitários e do próprio mercado, exigindo que os profissionais estejam atentos para esses processos evolutivos (Izoton; Mozer; Souza, 2019).

Outras diferenciações de nomenclaturas também são importantes no segmento. É preciso que o publicitário entenda que atendimento e planejamento são coisas diferentes no ramo da publicidade. Enfatizamos isso porque é comum que os profissionais não só utilizem as palavras como sinônimas, mas também atribuam funções que não correspondem aos cargos.

Assim, vamos compreender conceitualmente o que cada uma dessas palavras significa e como identificá-las no cotidiano.

Buscando desvelar como acontece e o que é o atendimento publicitário, um grupo de estudantes de publicidade da Faculdade Paulus de Comunicação (FAPCOM) entrevistou a publicitária Gabriela Gramegna, que contou um pouco sobre sua experiência e ponderou sobre os desafios e a atuação do profissional de atendimento.

"O atendimento é o ponto focal dentro da agência e também com o cliente. Ele é responsável por entender o que o cliente quer e repassar à equipe interna (criação e planejamento) para que seja elaborado o projeto" (Gramegna, citada por Martins et al., 2017).

Especialistas do mundo publicitário indicam que o profissional do atendimento deve estudar e pesquisar sobre técnicas de vendas no mercado. Isso porque, ao lidar diretamente com um cliente, o vendedor precisa entender o que está sendo vendido, o negócio e também o comportamento humano. Na prática, o atendente também é um tipo de "vendedor de ideias" no segmento da publicidade, que deve adaptar estratégias em busca de resultados.

Na obra *Redação publicitária*, Martins (2012) escreve em quatro partes sobre as características que todo redator publicitário deve apresentar, dicas práticas e conteúdos focados em vivências profissionais.

O interessante é que, ao mencionar a estruturação do livro, ele afirma que as técnicas utilizadas são as mesmas criadas em promoção de vendas, o que é compatível com o que mencionamos anteriormente.

Dessa forma, a criação de textos e discursos pautados em vendas, apesar de uma linguagem por vezes direta e tecnicista, deve ser mais absorvida pelos comunicólogos.

Para saber mais

Assista à série *Mad Men: inventando a verdade*, de 2007. Essa série televisiva retrata a realidade dos anos 1960 e 1970 em Nova York. Inicialmente, a série mostra um grupo de pessoas que trabalha em uma agência publicitária ficcional. O telespectador vai conhecendo o protagonista Donald Draper, que é diretor de criação de Nova York, seus sócios e funcionários, bem como suas relações interpessoais. Vencedora de vários prêmios, *Mad Men* pode ser uma excelente aula sobre capitalismo, propaganda, marketing, atendimento e relacionamento com o cliente, hábitos, costumes e estigmas de décadas passadas.

A partir de exemplos como as séries televisivas podemos visualizar algumas estratégias de vendas e de atendimento publicitário. Em um dos episódios de *Mad Men*, o telespectador acompanha diálogos – que são narrados, por vezes, de maneira sutil – de um profissional do atendimento sênior que explica como, na época, outro funcionário deveria conduzir uma reunião com um cliente.

Exemplos à parte, fica evidente que os anos foram passando e as agências de publicidade precisaram adaptar-se aos novos tempos tecnológicos. As mídias digitais foram introduzidas nesses espaços também buscando a entrega de soluções criativas aos clientes. Essas adaptações são parte de um conjunto de transformações em que o atendimento é um agente atuante e importante no processo.

De maneira geral, podemos entender que o setor de atendimento está ligado à capacidade do profissional de agir e tomar decisões enquanto agência, mas em prol da realização do cliente. É aquele profissional capaz de identificar a real necessidade de um cliente e as decisões estratégicas a serem tomadas naquele momento para resolver um problema, seguindo um comando de ação. Nas palavras de Baptista e Abreu (2011, p. 2),

> O atendimento/planejamento, em um primeiro momento, envolve as tarefas de assistência ao cliente, o estudo minucioso de suas características e a compreensão de seus problemas e oportunidades de comunicação. [...]. As etapas de Planejamento e Atendimento envolvem atividades correlacionadas e possuem um perfil semelhante.

Ao contrário do *briefing* – que será aprofundado no capítulo a seguir –, o *brainstorm,* também conhecido como "chuva de ideias", é um tipo de ferramenta utilizado para desenvolver ideias. Nas agências, ele costuma ser executado com pessoas de diferentes áreas, já que a ideia é ouvir opiniões que sejam convergentes e divergentes sobre determinado assunto.

Já no momento da comunicação entre o profissional responsável pelo atendimento e o cliente, o *briefing*, é um importante instrumento que ajuda o contratante a chegar aos seus objetivos. Com isso, é necessário que, no *briefing*, estejam contidas todas as perguntas essenciais e que serão respondidas pelo cliente. O *briefing* é um documento que contém todas essas informações que precisam ser passadas para a construção de uma campanha para determinada marca.

Entendido também como um tipo de resumo, o *briefing* surge de uma conversa realizada por um profissional da comunicação e o cliente. No entanto, na conversa nem sempre é possível coletar as informações essenciais. Por isso, é aconselhado que o profissional já esteja munido com um modelo padrão de *briefing*. Esse documento deve conter informações sobre o histórico da empresa – incluindo a famosa tríade: missão, visão e valores –, o público de interesse ou público-alvo, pesquisas e estatísticas de mercado, os concorrentes etc.

Figura 1.1 Modelo de *briefing*

De acordo com Freitas (2008, p. 14), é conforme o *briefing* que "completando informações de pesquisa, que se esboça o planejamento publicitário". Além das definições de atendimento publicitário e *briefing*, a autora resgata dados sobre a evolução histórica do atendimento publicitário.

O setor de atendimento nem sempre teve o mesmo desempenho. Foi a partir da década de 1950 até 1970 que ocorreu, nas palavras da autora, uma "revolução" na comunicação de empresas, agências e na forma de atuar do setor de atendimento.

> As mídias se sofisticaram e multiplicaram os tipos de veículos. A televisão surgiu com toda a força. E o Atendimento começou a ser visto como aquele profissional que dentro da Agência representava o Cliente e no Cliente representava a Agência. E com a evolução, o homem do Atendimento ficou no meio do caminho. Neste período houve também a grande ascensão da criação e das técnicas de produção e reprodução de anúncios e comerciais. (Freitas, 2008, p. 20)

Para Souza (2013, p. 19), primeiramente, quando se trata do surgimento da propaganda no mundo, "é permitido dizer que a Igreja Católica foi uma das maiores contribuintes, empreendedoras e fomentadoras da ideia de propagar conceitos cristãos para a população mundial".

A instituição Congregação para a Propagação da Fé, criada pelo Vaticano, trouxe à tona o nome *propaganda*, que vem do latim *propagandae fideie* e significa "propaganda da fé". Difundir, propagar, manifestar e envolver suas ideologias, em princípio, foi uma das maiores estratégias já encontradas na história da humanidade pela Igreja Católica (Souza, 2013).

"No início da história do atendimento, junto com o crescimento do mercado capitalista, ser um profissional dessa área era apenas vender espaços publicitários dos veículos de comunicação, como a TV, rádio, etc." (Silva; Soares, 2019, p. 27).

A partir da década de 1950, as mídias e os veículos de comunicação no Brasil começaram a se se multiplicar, assim como o número de pessoas e consumidores. As empresas criaram departamentos de marketing e propaganda em suas instalações. O marketing abriu a mentalidade do grande empresariado brasileiro, que, nesse momento, já buscava estratégias para médio e longo prazos.

O profissional em atendimento passou a ser cobrado não somente a vender espaços, mas, sobretudo, a apresentar embasamento técnico de mercado, e a relação passa a ser entre cliente e empresa.

Lupetti (2003, p. 40) afirma que "a televisão revolucionou a propaganda". A partir do período em que a primeira transmissão foi realizada, o que podemos notar é uma mudança no comportamento da comunicação.

A autora resume esse momento da história com a frase "Começa então a fase da garota propaganda e da projeção de slides [...]" (Lupetti, 2003, p. 40). Contextualizando um pouco mais a chegada da transmissão de televisão no Brasil, com o final da guerra, os brasileiros estavam vivendo e tomando para si um estilo de vida americanizado, e as maiorias das ações se resumia em esperança, praticidade e facilidade.

Essa retrospectiva histórica ainda revela circunstâncias evolutivas dos veículos, refletindo também no setor de atendimento, pois o início dos anos 1970 até os anos 1980 foi um período considerado desfavorável para a área. Ainda conforme Freitas (2008), o atendimento perdeu espaço no mercado. Anos depois, com a evolução desse campo, a função de atendimento passa a obter um caráter progressivo e de destaque no meio publicitário.

Falar de atendimento publicitário é tratar de uma função inserida nas agências que prestam serviço de publicidade e propaganda. Para Baptista e Abreu (2011), o atendimento e o planejamento de uma agência de publicidade estão entre as tarefas essenciais do negócio. Os autores ainda entendem que as agências "apresentam soluções para os problemas de comunicação e mercado das organizações a quem atende profissionalmente (Baptista; Abreu, 2011, p. 2).

É na comunicação que a publicidade e a propaganda estão inseridas. Apesar de sua amplitude, nosso foco é abordar a comunicação mercadológica. Os filmes são excelentes produtos da comunicação visual, capazes de explicar, por meio de imagens, as táticas e os pensamentos de pessoas que investiram na publicidade e na propaganda.

Para saber mais

Assista ao filme *The Founder*, traduzido para o português como *Fome de poder*, de 2016. O filme conta a história do vendedor Ray Kroc, que, com sua visão empreendedora, decide participar de um negócio de lanches dos irmãos Richard e Maurice McDonald. No desenrolar da história, esse vendedor acaba tendo um crescimento econômico a ponto de incentivar os irmãos a criar franquias das lanchonetes e transformar essa experiência como "a nova religião americana". É uma excelente reflexão sobre a junção do capitalismo com a publicidade, o marketing e a criação de uma marca que se tornou uma das maiores empresas do mundo.

Além dos filmes e das estratégias lançadas sob essas produções, a percepção das pessoas com relação à publicidade e a propaganda também pode ser observada em diferentes espaços. Essa compreensão da propaganda, especificamente, é importante, pois mostra o que as pessoas entendem sobre o assunto e de que modo elas conseguem identificar a presença desse trabalho em suas vidas.

Consequentemente, toda a leitura desse processo se desdobra na compreensão de funções como a do atendimento publicitário e a do planejamento. Além dessas funções, as agências são formadas pelas áreas de criação, redação, mídia, produção gráfica e eletrônica, além das áreas financeira e administrativa. No entanto, essa estrutura vai depender de uma série de itens em uma agência.

Em 2009, a Associação Brasileira de Agências de Publicidade (Abap) encomendou uma pesquisa para entender mais sobre a imagem da publicidade brasileira. O objetivo era saber como o brasileiro percebe e avalia a propaganda: "Os brasileiros criticam, rejeitam ou se envolvem com ela?" foi um dos questionamentos propostos pela pesquisa (Ibope, 2009).

Dividida em etapas qualitativa e quantitativa, a investigação foi efetuada em dois momentos. No primeiro momento, os entrevistados eram homens e mulheres, entre 16 e 55 anos de idade, de diferentes classes sociais (A, B e C). No segundo momento, os pesquisados tinham entre 16 e 69 anos, pertenciam às mesmas divisões de classes, mas as pesquisas foram domiciliares. A pesquisa contemplou interlocutores de diversos estados brasileiros (Ibope, 2009).

Figura 1.2 Modelos de pesquisas qualitativas e quantitativas

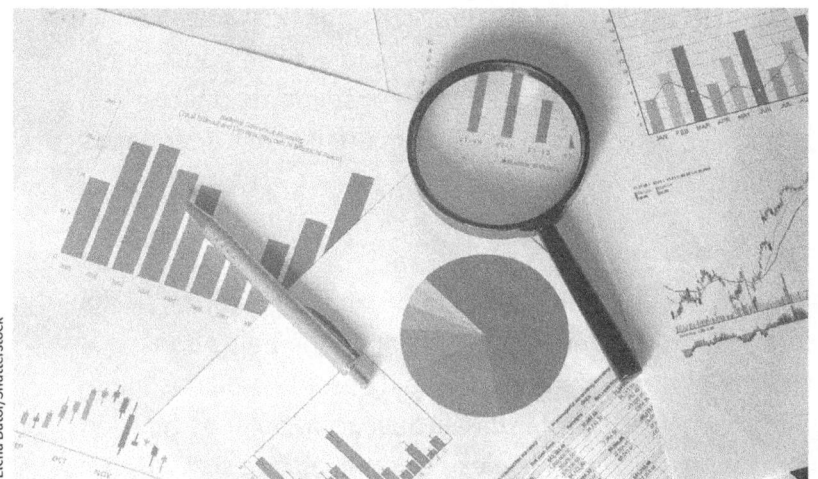

Cerca de 45% dos entrevistados apontou que sempre estão expostos à propaganda de serviços e produtos. Algumas variáveis foram destacadas, como o fato de as mulheres serem mais receptivas, quer dizer, avaliarem melhor as propagandas e se sentirem mais influenciadas do que os homens. Nos extratos das classes sociais, a classe A é a que mais se beneficia da propaganda brasileira, ao passo em que também tece críticas (Ibope, 2009).

Na percepção dos brasileiros, a propaganda exerce três principais funções: informativa, persuasiva e econômica. Além disso, dois terços da população entrevistada reconhecem que a propaganda tem importância em suas vidas. De modo geral, os entrevistados entendem que a função da atividade é ser informativa, seguida da função persuasiva e, depois, da econômica. A pesquisa revela muitos outros elementos curiosos, e nossa sugestão é que você a leia na íntegra para entender os demais elementos (Ibope, 2009).

De acordo com Rangel (1999), as pesquisas que envolvem a área de marketing são, por vezes, consideradas o principal apoio às decisões publicitárias, uma vez que consistem no meio pelo qual as empresas conseguem escolher a mídia ideal e se comunicar com mensagens adequadas ao mercado consumidor.

Para saber mais

A pesquisa intitulada "Como o brasileiro percebe e avalia propaganda" foi encomendada ao Ibope pela Abap. Foi dividida em etapas, sendo a de escuta uma das mais importantes. Os profissionais buscaram ouvir os cidadãos brasileiros sobre o que eles pensam, falam e sentem com relação à propaganda. Ela está disponível na internet para download (Ibope, 2009).

De acordo com Moderno (2000), a publicidade tem dois fundamentais componentes: o informativo e o persuasivo. Eles podem atuar nos níveis racional, emotivo e inconsciente. A persuasão racional segue argumentos lógicos; a emotiva explora sentimentos e emoções do interlocutor destinatário da mensagem; e a inconsciente diz respeito à influência da mensagem ao envolver o consumidor.

Na atualidade, a publicidade é bastante evidente quando pensada em sua inserção nas redes sociais digitais. Os usuários, quando abrem o aplicativo do Instagram, por exemplo, deparam-se com vitrines, anúncios e propagandas dispostos com base no que os algoritmos entendem ser de interesse do usuário. É nesses aplicativos que ocorre a grande oferta de serviços e produtos.

As mudanças comportamentais dos indivíduos também mostram a importância de as empresas seguirem a tendência de ser estar no mundo *on-line*.

Afinal, é na rede que estão as grandes oportunidades de divulgar, vender e se relacionar com os consumidores. Só que trabalhar com publicidade nas redes sociais não é tão fácil quanto parece. É preciso traçar estratégias.

Um dos passos indicados é, para cada tipo de produto ou serviço publicitário, definir o tipo de rede social ideal para a aplicabilidade da estratégia. Como sabemos, os usuários estão conectados em diferentes redes e, para se obter o resultado esperado, é necessário analisar o formato e conteúdo para cada tipo de ferramenta.

No geral, esses dados ajudam a compreender a leitura que se tem da propaganda no Brasil. Parte disso também pode refletir-se na compreensão de funções como a do atendimento publicitário.

Até aqui, já conseguimos compreender que o atendimento é uma função relevante dentro de uma agência de publicidade e propaganda, responsável pela mediação de contato entre agência e o cliente, bem como pela elaboração do *briefing*, que é construído coletivamente com o próprio cliente. "O atendimento também é responsável por verificar se o trabalho desenvolvido pela agência está de acordo com o que o cliente pediu e por apresentar a campanha para o mesmo para aprovação" (Piacini, 2007).

Martins (2002) aponta que foi em virtude das agências de propaganda que o setor de atendimento começou a existir. Estudiosos também elencam outras funções do atendimento, como o acompanhamento de tarefas posteriores – criação, produção e planejamento de mídia, veiculação e aferição dos resultados etc.

Figura 1.3 Prática da publicidade de negócios: o profissional de atendimento pode ser visto como mediador nesse processo

Conforme a Rock Content (2017), os principais objetivos do perfil de um bom atendimento publicitário são:

- buscar novos clientes;
- fechar trabalhos e negócios para a agência;
- fazer o acompanhamento dos clientes atuais;
- criar *briefings* que estejam de acordo com as expectativas do cliente e da agência;
- gerar resultados;
- ser proativo e estar atento às mudanças do mercado;
- ser capaz de identificar problemas na imagem do cliente.

Portanto, a função do atendente publicitário deve elevar todas essas características, proporcionando o crescimento desejado para uma agência. Além disso, o cliente potencial é capaz de enxergar no atendimento uma forma de autoridade no setor, em razão da capacidade de dialogar e de persuadir do atendente.

Com a popularização das novas mídias, os consumidores estão conectados, e os profissionais não podem deixar de estar imersos na mesma realidade. Essa influência do poder digital vem como potência, influenciando, assim, a forma de consumir e de oferecer algum tipo de produto.

O atendente deve, então, conhecer previamente o assunto, ser um usuário das redes, ser curioso e antenado, o que, com certeza, já caracteriza um diferencial nesse primeiro contato. Sabemos que muitas agências de publicidade evoluíram para o formato de comunicação 360º. Assim, elas tiveram a capacidade de posicionar seus clientes em todos os canais de contato da marca com o consumidor final.

Além disso, um novo perfil de atendimento publicitário pede que o profissional tenha conhecimentos sobre marketing, focando nas necessidades da empresa e de seus clientes. Citamos o *briefing* como instrumento de trabalho, mas outro tipo de ferramenta utilizado pelo atendente é a tabela de *jobs*. Ela auxilia na organização do atendimento e, claro, o modelo deve ser feito conforme a necessidade individual do cliente. Em linhas gerais, ela se aproxima do *briefing* por conter as datas de início e de término do trabalho, bem como detalhes e outras observações.

Perguntas & respostas

Quais são as características essenciais para um bom atendimento publicitário?

Para exercer um bom atendimento publicitário, o profissional precisa ser um bom ouvinte, afinal, é preciso ouvir e entender qual o desejo de execução do cliente. Além disso o cliente pode ter dificuldades de verbalizar o que deseja, logo, o atendimento publicitário deve estar atento para fazer as perguntas corretas e que ajudem o cliente. A elaboração de um bom *briefing* é outra importante habilidade desejada para o atendimento, bem como o conhecimento técnico de ferramentas e das possibilidades do marketing.

Há profissionais que acreditam que a responsabilidade é de todos os envolvidos na passagem do *briefing*: tanto do cliente quanto dos responsáveis pelo atendimento e/ou planejamento. Mas, na prática, a elaboração do *briefing* fica sob a responsabilidade do atendimento publicitário, que mantém o primeiro contato com o cliente e é o mediador entre ele e a agência.

Além do ramo da publicidade, o *briefing* é uma ferramenta de trabalho também utilizada no design. Essas ferramentas, por sua vez, devem ser eficazes para a manutenção e a sobrevivência da empresa.

Viaro, Bernardes e Silva (2014), quando escrevem sobre o *briefing*, apontam que microempresas, tanto do *design* quanto da publicidade, não precisam de um grande volume de funcionários para começar a funcionar. No entanto, depois de inseridas no mercado de trabalho, elas devem aprimorar os conhecimentos e, obviamente, as técnicas e ferramentas escolhidas devem ser capazes de ajudar na prática profissional de cada sujeito.

Exemplificando

O *briefing* é um instrumento de comunicação geralmente atribuído ao atendimento publicitário. Ele é também um **documento composto por informações que venham a ser executadas em uma campanha**.

Exemplo disso são as campanhas publicitárias da cerveja Heineken. Em uma delas, há uma sequência de cenas em que a cerveja é associada ao futebol. É nos encontros familiares e nas reuniões em casa com os amigos que a bebida está presente. Todos esses grupos, apesar de situados em espaços diversos, acompanham os jogos de futebol regados a bebida alcoólica. Naturalmente, o sucesso da campanha é em decorrência de um *briefing* de sucesso.

Para além das campanhas publicitárias, o *briefing* é utilizado em gestão de projetos. Essa é a análise confirmada pelos autores Viaro, Bernardes e Silva (2014). Eles realizaram estudos de caso considerando como unidade de observação uma microempresa de publicidade localizada em Porto Alegre, e diagnosticaram que, com o uso do *briefing*, é possível identificar as influências dessa ferramenta e seus possíveis usos.

No campo do *design*, ainda, alguns pesquisadores destacaram o seguinte:

> Pesquisas demonstraram que os designers encontram problemas se o briefing não é preparado corretamente. [...] O designer precisa de uma grande quantidade de informação explícita e tática para poder produzir uma solução eficaz para o cliente. O designer precisa ter informações de marketing, [...] detalhes do modo de produção e planejamento e cronogramas para a implementação. De outra forma, podem surgir problemas posteriores, o que pode significar o desperdício de recursos.
> (Bruce; Cooper; Vazquez, 1999, p. 301, tradução nossa)

Por fim, vale salientar que o *briefing* é tido, dentro de uma agência ou no campo do design, como um documento de referência, do início ao fim do projeto desenvolvido. O projeto tem um tempo de desenvolvimento preestabelecido, podendo o *briefing* sofrer variações até o prazo de entrega. É interessante registrar esse processo, uma vez que o cliente pode acompanhar o progresso do trabalho.

O que é?

Atendimento publicitário: É um setor importante dentro de uma agência de publicidade e propaganda. Apesar das atribuições do profissional de atendimento variarem conforme a agência, em suma, ele é responsável pela análise de um problema comercial de um cliente, a fim de resolvê-lo, sendo a "ponte" da agência.

Briefing: É um tipo de síntese de informações elaboradas em um documento. O *briefing* precisa conter detalhes, mas sempre buscando a coerência no texto. O objetivo é que o documento contribua para o projeto, evitando a confusão de informações desnecessárias. Cada empresa é livre para criar o próprio documento, o único critério é que ele seja construído com base nas necessidades do projeto.

Brainstorm: O *brainstorming*, "tempestade ou chuva de ideias", é uma técnica utilizada para alcançar resultados criativos. São realizadas reuniões com a presença de pessoas de diversas áreas de conhecimento. Nesse encontro, existe um tema central, e as pessoas buscam externar sua capacidade criativa e intelectual sobre o assunto.

Certamente, com essas explicações, você já é capaz de distinguir o que é o atendimento publicitário, o *briefing* e o brainstorm. Na prática, eles são desenvolvidos em consonância. Os profissionais da publicidade, do marketing e outros que trabalham com a criatividade podem utilizar o *brainstorm* como forma de obter resultados reais; e o *briefing* como ferramenta que garante um percurso organizado e rico em informações. O atendente, por sua vez, é um dos principais profissionais na "linha de frente" no negócio publicitário.

Para fixação do conteúdo, propomos, a seguir, um exercício prático, de modo que você, como profissional, busque a melhor solução para o problema.

Exercício resolvido

Imagine uma agência, recém-lançada no mercado publicitário catarinense. Apesar de nova, ela já conseguiu prospectar alguns clientes consolidados, como uma empresa especializada em cervejas e outra do ramo automobilístico. Por serem áreas distintas, alguns desafios se impõem, a exemplo de como conciliar demandas tão diversificadas. Diante disso, selecione a alternativa que melhor contempla a resolução desse problema:

a) Toda agência de publicidade deve ter uma equipe multidisciplinar. Assim, é necessário que esses profissionais passem por um processo de reciclagem, por meio de cursos e *workshops*.

b) Trabalhar com clientes de áreas distintas exige muitas preparações, entre elas, que o profissional deve não só elaborar os *briefings*, mas também conduzir e participar do *brainstorm*.

c) Para conciliar alguns clientes de nichos diferentes, é necessário trabalhar com a presença nas redes sociais digitais, em razão do forte crescimento de empresas que estão investindo em ferramentas do marketing digital.

d) O atendimento publicitário será o único responsável pela parte de criatividade desses nichos segmentados, de modo que precisa exercer seu lado de criativo no desenvolvimento de projetos.

Gabarito: B

Feedback do exercício: O *brainstorm* é importante, pois é assim que podem surgir excelentes ideias de negócios para essas empresas, além de estudar e acompanhar as pesquisas de mercado. Agora, entenda por que as demais alternativas estão incorretas: é necessário que os profissionais passem por capacitações, mas isso não é o suficiente para atender às demandas dos clientes mencionados. Na verdade, esses cursos devem fazer parte da rotina de qualquer profissional. É fato que as empresas devem estar no mundo *on-line*, no entanto, ainda há muitas empresas que trabalham com o marketing *off-line*, como comerciais e *outdoors*. Trata-se de características que devem ser estudadas individualmente e não devem ser descartadas. O setor de criatividade pode ser explorado pelo atendimento, afinal, ter um senso criativo é uma boa característica, mas existem setores em uma agência, como a direção de criação, que são exclusivamente responsáveis pela função.

Fica evidente a necessidade de instrumentos de trabalho como o *briefing* e o *brainstorm*, bem como que o atendente publicitário é parte fundamental em todo esse processo de trabalho. Vale ressaltar que esse debate sobre publicidade e comunicação surgiu há tempos, mas não deixa de ser atual.

1.2 Planejamento publicitário e mídia

No passado, o planejamento era totalmente voltado para as mídias tradicionais, como televisão, revistas e rádio. Esses veículos de comunicação eram instrumentos utilizados para atingir o público-alvo. Com o passar do tempo e a evolução dos artefatos tecnológicos, alguns planejadores começaram a perceber que esses tipos de mídias já não seriam tão eficazes quanto no passado.

A partir disso, os planejadores de campanha e projetos publicitários passaram, cada vez mais, a investir no marketing e em estratégias de comunicação. Os próprios veículos começaram a se atualizar a fim de não se tornarem obsoletos no mercado. A televisão, por exemplo, começou a migrar para o digital, assim como o rádio e as revistas, que, agora, já trabalham com formatos e interfaces intuitivas no ambiente *on-line*.

Além das funções já citadas, como o atendimento publicitário e, agora, o planejamento e a mídia, percebemos que são diversas as funções que competem às agências de publicidade e propaganda. "As principais são o planejamento da comunicação publicitária de seus clientes, a criação das mensagens mais apropriadas, a produção física (interna e externa) dessas mensagens [...]" (Sampaio, 2013, p. 50).

Na percepção do autor, dentro de uma agência de publicidade, a maior função é a criação da propaganda, ou seja, a criação de ideias. Paralelamente, no processo se destacam o planejamento, a produção e a circulação da propaganda, também conhecida tecnicamente como *mídia*. A mídia é responsável por selecionar os melhores veículos de comunicação para atingir o público-alvo.

> A mídia é a tarefa de seleção dos veículos de comunicação mais adequados para atingir o *público-alvo* nos momentos mais propícios, evidentemente buscando-se a maneira mais econômica e indicada para cada caso em particular. Também cabem à mídia, após seleção dos veículos, as tarefas de execução, negociando e comprando espaços, autorizando as veiculações e fazendo seu controle. (Sampaio, 2013, p. 50)

A mídia é parte integrante do processo mercadológico (Cardozo, 2006), e a estrutura desse trabalho precisa seguir o planejamento executado pela área de marketing e comunicação. Como se lê, a mídia tem a tarefa de selecionar os veículos adequados, propondo caminhos possíveis para atingir o público desejado.

O profissional de mídia embasa-se nas pesquisas, cujo objeto será discutido a seguir. O que deve ficar registrado é que a comunicação entre esses três setores (atendimento, planejamento e mídia) é essencial para o sucesso de uma campanha. Essa forma de atuar, de certa maneira, é homogênea.

Na grande maioria das situações, o indicado é que, para a execução de uma campanha publicitária, sejam utilizadas pesquisas de mercado em que é possível identificar o público--alvo do cliente e os principais meios de comunicação utilizados por ele. Uma das recomendações para a execução das pesquisas é adotar métodos quantitativos e qualitativos, uma vez que a primeira é objetiva e revela números, e a segunda busca entender diálogos e discursos no campo da subjetividade.

O profissional de planejamento publicitário pode buscar coletar informações por meio de questionários. A ferramenta **SurveyMonkey** é parcialmente gratuita e permite preencher o número da população amostral à qual você deseja aplicar o questionário, o grau de confiança e a margem de erro. Esses itens ajudam encontrar o tamanho de uma amostra que tenha credibilidade e se aproxime de dados assertivos.

Figura 1.4 Ferramenta SurveyMonkey

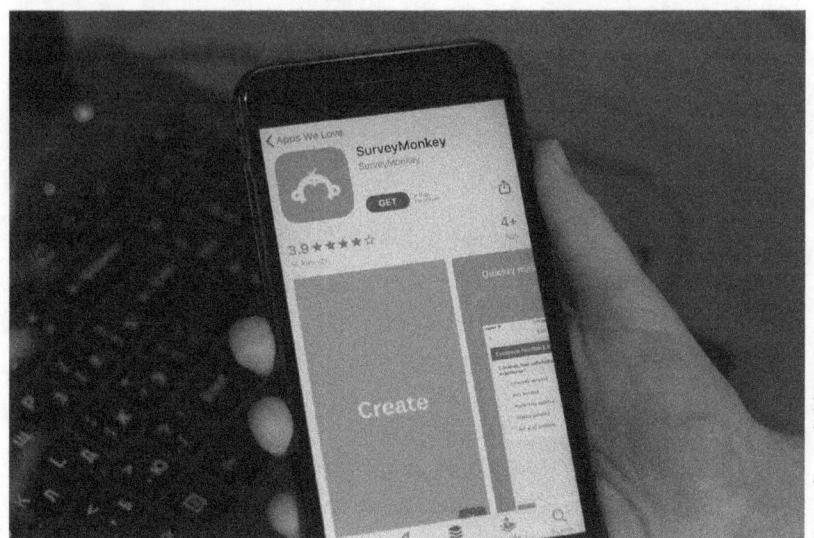

Para a manutenção da marca de um cliente, é necessário escolher as ferramentas ideais para coletar as informações necessárias dos respectivos consumidores. A estratégia deve envolver a segmentação desses usuários no momento certo. Uma das maneiras eficazes de saber o nível de satisfação e se suas estratégias estão funcionando é por meio dos questionários de pesquisa.

O SurveyMonkey é uma dessas ferramentas que coleta os dados e auxilia a entender como uma marca está posicionada no mercado. Bastante difundida no ambiente profissional, ela pode ser utilizada para entender as medidas de uma marca, como ela é percebida e sua participação no mercado. Além disso, você pode aplicar os questionários e encontrar o perfil exato de pessoas para respondê-los.

O **Google Forms** é outra ferramenta que permite a construção de formulários *on-line* para o gerenciamento de pesquisa. É possível fazer uma série de perguntas, atingindo uma grande amostragem. Essas ferramentas são sugestões de instrumentos a serem utilizados na pesquisa, mas cabe a você, profissional, escolher a ideal para a coleta das informações.

Figura 1.5 Ferramenta Google Forms

Vladimka production/Shutterstock

O Google também disponibiliza outra ferramenta capaz de apontar as tendências sobre determinado assunto. Logo, você pode colocar palavras-chave referentes à sua marca e acompanhar como ela está sendo abordada em localidades. Para o *planner*, que trabalha com planejamento no ambiente digital, essa plataforma pode ser de relevante contribuição.

No **Facebook for Business**, existem diversas abas e funcionalidades a serem descobertas não só pelos planejadores, mas também pelos profissionais de criação. É possível conseguir *insights* (ideias) através de imagens que auxiliam uma estratégia de comunicação. Exemplificando, os dados podem revelar dicas de conteúdos que venham a ser criados, de acordo com buscas e procuras de usuários.

Em um *case* prático, foi realizada uma campanha publicitária, em Natal, capital do Rio Grande do Norte. Inicialmente, o estudo buscou apresentar quem era o cliente. Tratava-se de uma confeitaria local. Em uma campanha, é necessário identificar qual o segmento do cliente, que, no caso, pertencia ao ramo alimentício.

Traçar uma campanha exige que você conheça seu cliente e os possíveis concorrentes. Isso porque, se você deseja crescer profissionalmente, não basta saber vender, é preciso conhecer o que se vende. No caso da confeitaria, o estudo identificou os diferenciais desse estabelecimento em relação à concorrência.

Ainda, é na pesquisa de mercado que podemos descobrir qual é a maior necessidade do cliente, que pode ser, por exemplo, o posicionamento da marca no mercado.

César et al. (2014) adotaram como estratégia de campanha publicitária investir nos resultados de pesquisas de mercado e, a partir disso, explorar as qualidades da confeitaria local, que obteve a terceira colocação entre as confeitarias que os interlocutores julgaram conhecer. Eles detalharam a sequência do trabalho da seguinte forma:

> Baseando-se em pesquisa de mercado, estudos, orçamentos reais e a realidade do mercado local, todo o projeto foi feito pela agência i, para posicionar a marca no mercado e atrair novos clientes através de uma campanha institucional e promocional bem elaborada e planejada. (César et al., 2014, p. 10)

É no planejamento que as pesquisas de mercado e o estudo da situação de uma empresa estão associados ao diagnóstico, isto é, à análise de uma empresa. Sobre as pesquisas de mercado, Perez, Fogaça e Siqueira (2008) entendem que elas buscam desenvolver, obter e analisar informações que demonstrem as necessidades e as expectativas dos consumidores em relação a produtos e serviços.

Figura 1.6 Exemplo de equipe planejando e preenchendo cronograma

SpicyTruffel/Shutterstock

Esse diagnóstico deve abranger tanto as pesquisas quanto o mercado, contemplando todas as informações sobre fatores internos e externos. Você também precisa definir o motivo de fazer uma campanha publicitária de determinado produto. É esse objetivo que permitirá a criação de uma campanha direcionada.

O planejamento é uma prática, naturalmente, já intrínseca em nossas vidas. Para realizar uma viagem, é necessário um planejamento, assim como quando alguém participa de uma seleção de concurso público, entre outras atividades. Na publicidade, o planejamento é importante, pois permite que o indivíduo se organize e atinja um ponto final preestabelecido.

Uma das vantagens em aderir a um planejamento publicitário é que ele proporciona uma avaliação contínua das ações que estão sendo desenvolvidas e das que serão executadas. Como sabemos, o perfil atual dos clientes é o de pessoas exigentes, então, é ideal que, na etapa do planejamento, contenha as metas definidas e os objetivos do projeto.

Segundo a Rock Content (2017), estas são algumas características que resumem as principais ações de um planejamento:

- analisar a situação da empresa;
- definir a missão da empresa;
- detalhar as ações a serem executadas;
- otimizar os resultados.

De maneira geral, o planejamento publicitário obedece a uma sequência de atividades e de organização, ocorrendo em várias fases até que chegue ao consumidor final. Certamente, esse é um caminho que envolve etapas e diversos profissionais.

Uma teoria interessante a ser apresentada é a **Golden Circle**. No campo da comunicação, podemos pensar que as três perguntas "O quê?", "Como?" e "Por quê?" devem ser aplicadas ao contexto das marcas. A metodologia foi iniciada com o inglês Simon Sinek e, desde então, está presente no mundo da publicidade e do marketing.

Empresas como a Apple acabaram se destacando no mercado, também, por adotarem uma forma diferenciada de comunicação. Essas diferenças são organizadas, conforme Simon, no *Golden Circle*, ou círculo dourado.

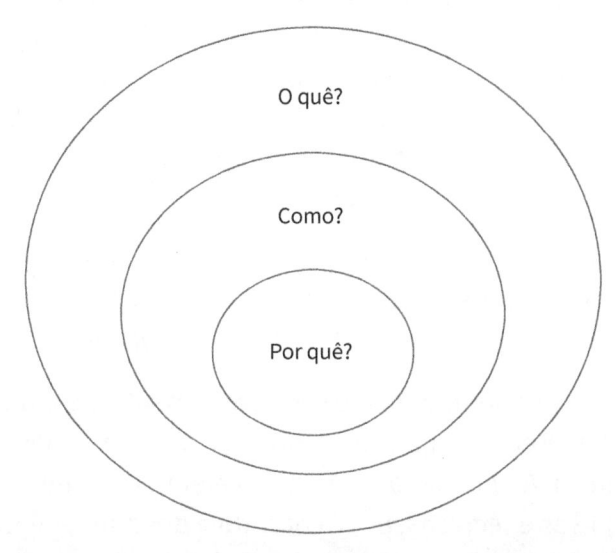

Figura 1.7 *Golden Circle*, criado pelo inglês Simon Sinek

(Diagrama: três círculos concêntricos — O quê? / Como? / Por quê?)

De acordo com a teoria – e pensando sob a perspectiva da comunicação – "O quê?" diz respeito ao que você entrega ao cliente; "Como?" refere-se à maneira como você faz esse trabalho; e "Por quê?" indica o motivo da ação planejada. Essas perguntas são norteadoras e devem ser respondidas ao usuário e/ou consumidor. A linguagem persuasiva é respondida de dentro para fora – conforme se observa na imagem – e é uma maneira mais intuitiva e que influencia o consumidor na tomada de decisão ao adquirir um produto.

Compreendido que a primeira etapa compete ao profissional de atendimento (a entrega do *briefing*), o planejamento fica responsável pelo recebimento desse documento, seguido de uma análise, pesquisa e imersão nesses dados. Embora a percepção e a experiência do cliente sejam importantes no processo, o conhecimento do profissional de marketing ou comunicação é fundamental aqui.

A etapa seguinte ao planejamento é referente ao direcionamento do projeto aos outros setores. O ideal é que, dentro de uma agência, haja um único profissional responsável pelo planejamento e que terá a função de direcionar o *briefing* criativo, que é o documento acompanhado de um cronograma descrevendo as próximas etapas.

Todavia, é de conhecimento que, em muitas realidades, existem profissionais que têm a função de atender os clientes e respondê-los, entre outras funções: o *social media*.

Após o acompanhamento e o desenvolvimento do planejamento, é preciso organizar os dados e o embasamento da pesquisa. A apresentação final vai além dos números de pesquisas e técnicas, pois a narrativa deve ser envolvente, sendo conhecida como *storytelling*. Lembramos que uma apresentação bem definida, com uma narrativa que faça sentido, pode ser decisiva para o fechamento do negócio.

A teoria **Golden Circle** revela a importância de um negócio buscar responder às perguntas **"O quê?" "Como?"** e **"Por quê?"**.

Ilustrando a teoria, vejamos o caso da *Apple*. A empresa responde a essas perguntas e, assim, exerce uma comunicação coerente, clara e objetiva. Por quê: desafia o que está no mercado pensando diferente. Como: desenvolve produtos lindos e fáceis de usar. O quê: computadores, celulares, mp3 *players* etc.

Exemplificando

Como discutimos anteriormente, a técnica de **storytelling** é uma **maneira original e envolvente de se contar uma história**. Um exemplo disso são os roteiros utilizados por cineastas e escritores. A cantora de música pop e ex-Big Brother Brasil 2020 Manu Gavassi, por exemplo, utilizou de maneira excelente a técnica do *storytelling*. Em um videoclipe, a cantora fez uso de diversas estratégias do ambiente digital, entre elas, a técnica mencionada, além de parcerias com empresas e marcas. De maneira indireta, ela acabou vendendo seu produto: a música.

Para além de contar uma história que envolva as pessoas, o *storytelling* precisa conter uma linguagem adequada ao seu público-alvo. O enredo deve apresentar detalhes, mas não a ponto de confundir o público com as explicações. No senso comum, quando ouvimos alguém contar uma história, fala-se que uma parte do nosso cérebro começa a processar uma ideia. Lembramos que a habilidade de criar *storytelling* também está ligada ao marketing de conteúdo.

O quadro a seguir resume os principais conceitos trabalhados até aqui.

O que é?

Planejamento: Trata-se de uma das importantes etapas de trabalho dentro de uma agência de publicidade. Após o atendimento realizar seu trabalho e fornecer o *briefing* com as informações, o planejamento entra em ação. Esses profissionais buscam identificar os problemas de uma marca e, consequentemente, resolvê-los. É na etapa de planejamento que é traçado um plano estratégico com objetivos, aplicações de pesquisas de mercado etc.

Mídia: Profissional responsável pela parte de escolha dos veículos de comunicação e negócios, fazendo ponto deles com a própria agência.

Golden Circle: Ferramenta utilizada para o desenvolvimento do negócio. Ela foi criada pelo Simon Sinek a fim de aprofundar o alinhamento de cultura por meio das respostas às três perguntas lançadas pelo escritor: "O quê?", "Como?" e "Por quê?".

Storytelling: Habilidade de contar e adaptar histórias para que estas sejam de fácil memorização. Geralmente, a técnica é utilizada por roteiristas e escritores, que buscam conquistar o telespectador e/ou leitor.

Apesar de não existir uma "receita" para o *storytelling*, busque pensar nas seguintes perguntas e em como respondê-las no momento em que for elaborar o documento:

- "Para quem essa história será contada?": saber quem é o público é um dos primeiros caminhos.
- "O que será contado?": você precisa ter a ideia em mente e segui-la.
- "Qual é a finalidade dessa história?": é importante para que você saiba qual caminho está trilhando. Lembre-se de que não adianta ter ideias soltas se você não construir um percurso coerente e não souber aonde deseja chegar.

Por fim, pense nos meios de divulgação para contar essa história (*blog*, redes sociais, vídeo etc.) e como você irá contá-la aos seus consumidores.

Exercício resolvido

É final de mês e o dono de uma agência, Pedro Vaz [pessoa fictícia], precisa fechar um importante negócio com um cliente. Há uma expectativa para que o trabalho dê certo, no entanto, além do acúmulo de tarefas a serem entregues aos clientes já existentes, chegaram dois novos estagiários e alguns computadores estão com problemas em rede. Estressado com toda a situação e com um *deadline* apertado, ele convoca uma reunião para sanar o problema. Assinale a alternativa que pode ajudá-lo a fechar o negócio.

a) Na reunião, Pedro deve delegar funções e deixar o treinamento dos estagiários em segundo plano, afinal, em qualquer época é possível contratar estagiários para o quadro de funcionários.

b) O dono da agência é o único responsável pelo fechamento de um trabalho, logo, ele deve enfatizar a importância desse negócio na reunião. Pedro deve realizar a reunião sem uso de recursos visuais como o *Power Point*.

c) Convocada a reunião, Pedro deve distribuir tarefas: reforçar a atenção do profissional de planejamento e solicitar sua ajuda para a criação de um *storytelling*. Pedro deve planejar uma apresentação que fidelize o possível cliente.

d) Considerando que Pedro traz problemas familiares para dentro da agência e que, consequentemente, isso afeta o ambiente de trabalho, ele optaria por suspender a contratação de estagiários, perdendo prazos e, ainda, não saberia como se preparar para a aguardada reunião com o potencial cliente.

Gabarito: C

***Feedback* do exercício**: Não é em qualquer época que é possível contratar novas pessoas, no caso, estagiários, já que isso depende da folha de pagamento, de pessoas disponíveis para efetuar o treinamento, entre outras condições. Os grandes fechamentos de negócios, geralmente, são de competência do dono de uma agência, mas nada impede que um bom atendimento, ligação ou atenção voltada a um cliente não seja capaz de fidelizar aquele *job* (trabalho). Ter habilidades como a oratória é um ponto positivo, mas confiar na memória não é recomendado, principalmente quando se trata de uma importante tomada de decisão.
Por fim, pode parecer óbvio, mas é comum que pessoas misturem suas emoções com o ambiente de trabalho, o que pode ser totalmente desfavorável para resolver problemas.

Todos os conceitos abordados direcionam para a necessidade de definir e conhecer o público-alvo de determinada campanha ou projeto, da construção de uma persona e da humanização dessas informações, tornando o conteúdo atrativo e envolvente.

1.3 Teoria e prática publicitária

Definições, teorias e conceitos, em certa medida, já foram devidamente explorados no tocante ao atendimento e ao planejamento publicitários. Quando pensamos, na prática, a respeito dos setores de atendimento e de planejamento, devemos levar em consideração que o mercado de comunicação está passando por constantes mudanças, e isso é reforçado por Silva e Soares (2019, p. 26):

Visto que o público final está passando por uma fase de mudanças para com os seus gostos e preferências, tudo muda em pequenos espaços de tempo. [...] Os padrões de setores de agência ainda sofrem constantes mudanças, principalmente com a entrada do digital, onde clientes priorizam comunicação digital, ao invés de off-line (jornal, TV, etc.). Se o cliente do cliente muda, o cliente de agência, por consequência, muda também, demandando uma estratégia diferente do que se conhece por Atendimento.

O trabalho mencionado busca apresentar estratégias do meio publicitário e como utilizá-las. Destacam-se as estratégias funcionais, ensinadas pelo PMBOK, também conhecido como *Project Management Body of Knowledge*.

O estudo do PMBOK é fundamental para que os gerentes de projetos possam compreender os ensinamentos e relacionamentos que, através das áreas de conhecimento e de processos preconizados pela metodologia, traduzem os conceitos mais atuais da prática de Gerenciamento de Projetos no mundo. (Project Management Institute, 2000, p. 1)

Muito além das estratégias, são apres entadas técnicas simples e complexas, que buscam impactar positivamente as relações interpessoais. Isso acontece com o objetivo de fortalecer as relações. Ações como servir um simples café ou água ao seu cliente, ouvi-lo atentamente ou mesmo convidá-lo para um evento podem ser estratégias fortalecedoras para essa relação.

Para além da publicidade e propaganda, existem outras áreas, ferramentas e técnicas que são importantes, como o *merchandising*, as relações públicas, a promoção de vendas e o marketing direto. Todas elas buscam atingir resultados e, a partir de agora, vamos aprender a distingui-las.

Inicialmente, o *merchandising* pode ser lido como uma técnica do marketing. É nele que é trabalhado o objetivo para que as mercadorias tenham grande rotatividade. O profissional escolhido para realizá-lo deve apresentar e repassar as informações de um produto que esteja disponível em pontos de vendas. É possível perceber a exposição explícita desse conjunto de técnicas em telenovelas, filmes e outros meios.

Figura 1.8 *Merchandising*

Na área das relações públicas, Simões (2007) entende que o conceito é polissêmico, ou seja, ele compreende muitas coisas, como o ensino, a profissão, a prática e os profissionais, os alunos e a comunidade. O profissional de relações públicas é responsável pela gestão de uma comunicação orgânica. No dia a dia, cabe ao responsável fazer o estudo e a definição de um público, o planejamento de comunicação, a organização de eventos, entre outras tarefas.

O profissional de relações públicas, de certa forma, trabalha na gestão das áreas que estão interligadas na comunicação: a publicidade, o jornalismo e o marketing. De forma didática, a Sociedade Americana de Relações Públicas (PRSA) definiu a área de relações públicas como um processo estratégico de comunicação que constrói relações de benefício mútuo entre as organizações e seus públicos. Vejamos a ilustração a seguir.

Figura 1.9 Relações públicas

Relações públicas

Comunicação   Internet   Jornal   Eventos   Rádio + TV   Mídia Social   Cliente

Trueffelpix/Shutterstock

Existem convergências entre as relações públicas e o marketing, já que são consideradas áreas interdependentes. Para melhor compreender a inter-relação entre as áreas, recorremos a uma classificação proposta por Kotler e Mindak (1980), a qual se fundamenta na prevalência de funções, distinguindo quatro categorias.

Ainda de acordo com Simões (2007), é na primeira categoria que estão determinadas organizações sem fins lucrativos, as quais pouco se utilizam dos recursos proporcionados pelo marketing e pelas relações públicas. Os dirigentes, normalmente não pertencentes aos quadros de carreira, não reconhecem nelas problemas próprios aos de empresas, sob a alegação de que sua existência se justifica exclusivamente em função do atendimento de necessidades e de fatos sociais.

Recorrendo aos mesmos instrumentos de marketing, Relações Públicas procuram incentivar a troca de valores, a fim de conseguir uma reação favorável do grupo-alvo. Portanto, o marketing pode contribuir decisivamente para a efetividade dessas organizações, cabendo a Relações Públicas o desenvolvimento de públicos, desde o público interno, que deverá estar plenamente consciente do seu papel institucional, até aqueles que serão alvo direto dos esforços de comunicação e de marketing, necessários ao sucesso do empreendimento social. (Toledo; Fortes, 1989, p. 4)

O autor complementa que a segunda categoria, composta por certos tipos de organizações de prestação de serviços, tais como escolas e hospitais, apresentam a atividade de relações públicas estabelecida, revelando, porém, práticas de marketing principiantes. Essas organizações podem beneficiar-se do uso de instrumentos de marketing, ainda que os resultados esperados não sejam avaliados em termos de lucro.

O conceito ampliado de marketing, aplicável a organizações que não visam ao lucro, e as técnicas dele decorrentes favorecem o processo decisório, que culminará com a oferta de serviços ajustada a um consumidor específico, para o qual todo um processo de motivação e comunicação pode ser projetado.

Figura 1.10 Conceito amplo de marketing

Em outra categoria encontram-se as organizações que constituem as maiores empresas de determinado país, as quais apresentam ambiciosos programas de relações públicas e de marketing, que, muitas vezes, atuam divorciados entre si e, eventualmente, dos objetivos estratégicos da organização.

Exercício resolvido

Uma emissora de televisão fechou parceria com uma empresa consolidada de cama, mesa, banho e outras utilidades. Uma jornalista foi contratada para fazer o *merchandising* dos produtos. No entanto, ela não tem experiência nesse tipo de trabalho. A emissora informou que ela tem o prazo de uma semana para decorar o texto e se apresentar para as gravações. Assinale a alternativa que contempla o caminho ideal para que a profissional tenha sucesso na gravação.

a) A recomendação é que a profissional repasse o trabalho para alguém com experiência, visto que arriscar pode ser perigoso para sua carreira profissional.
b) O *merchandising* é uma prática exclusiva do publicitário, portanto, a jornalista estaria impossibilitada de exercer tal função, já que não tem experiência no assunto.

c) Além do *merchandising*, será necessário que a jornalista também coloque em prática a apuração de uma notícia e a edição do material, técnicas utilizadas no jornalismo.

d) A recomendação é de que, em uma semana, a contratada estude com afinco o produto e, se possível, utilize-o para falar com propriedade para o público-alvo.

Gabarito: D

Feedback **do exercício**: Adicionamos que, além de estudar, pesquisar e conhecer o produto que será apresentado em um *merchadising* de um veículo televisivo, é preciso que sejam traçadas estratégias de forma e linguagem simples, em um ambiente que seja favorável. Todas essas estratégias devem ser pensadas como se a jornalista fosse também uma potencial consumidora do produto. Não ter a formação em publicidade e propaganda não é motivo de desistência do trabalho, assim como não existe nada que torne o trabalho exclusivo de um publicitário. As práticas jornalísticas devem ser aplicadas quando o trabalho for jornalístico e distante do *merchandising*.

Bem, até aqui, explanamos bastante a respeito do atendimento publicitário, ressaltando que o atendimento é fundamental no primeiro contato com o cliente, seguido do planejamento, e ambas as funções acabam se ajudando no processo de trabalho publicitário. Como as situações podem variar, apresentamos algumas dicas e circunstâncias em que esses profissionais estão presentes no cotidiano e em que todas essas nomenclaturas (*Golden Circle, brainstorming, storytelling* etc.) podem auxiliar na execução do trabalho publicitário.

Síntese

- A função do atendimento publicitário é: encontrar os clientes ideais para a agência, elaborar um *briefing* para nortear a campanha, ser capaz de ouvir, atender e negociar com o cliente, além de manter esses contatos.
- O *briefing* é um documento que fornece uma série de informações sobre o cliente e a campanha que deve ser criada. Entre os dados que aparecem em um *briefing*, estão o público-alvo, o produto ou serviço a ser divulgado etc.
- O *brainstorm* é uma técnica que busca estimular a criatividade e a geração de ideias de uma equipe. Essa técnica pode ser utilizada em diversas situações e ambientes.
- O planejamento é uma das etapas (e funções) que gerenciam as ações que devem ser tomadas até que se chegue ao consumidor final. Logo, o planejamento é essencial no processo da comunicação publicitária, pois objetiva resultados.
- A mídia é responsável pelas escolhas dos veículos de comunicação em que serão repercutidas as campanhas publicitárias. É necessário contato com o cliente para entender suas reais necessidades. Sua função se distingue do atendimento porque a mídia não fica restrita a ouvir e compreender o cliente, mas também define as estratégias para alcançar os objetivos.
- O *Golden Circle* é uma metodologia criada para pensar, agir e comunicar com o intuito de inspirar e engajar pessoas, marcas e empresas. Apesar de simples,

ela pode ser muito eficiente e trazer impactos positivos ao seu negócio.
- O *storytelling* é um tipo de técnica bastante utilizada por profissionais como roteiristas, cineastas e escritores. O objetivo é construir, criar e adaptar histórias de modo envolvente. Empresas têm apostado nessa técnica, que, além de tornar o conteúdo interessante, vende o produto de maneira indireta.

Estudo de caso

Texto introdutório

O presente estudo aborda um *case* sobre uma campanha publicitária que utilizou a técnica de *storytelling*.
Uma empresa do ramo de cuidados com a pele, higiene pessoal e beleza contou uma história de uma forma interessante e causou identificação em uma pluralidade de mulheres. A história foi tão convincente e bem contada que, além da repercussão, conseguiu vender o produto indiretamente.
Uma das características predominantes também foi o tom emotivo e de conexão do comercial.

Texto do caso

A empresa Dove lançou uma campanha publicitária diferente. Diversas mulheres foram convidadas para participar de uma dinâmica. Funcionava da seguinte forma: elas deveriam dirigir-se para determinado local, sentar-se e começar a fazer uma autodescrição física. Do outro lado, havia um homem com anos de experiência de trabalho em retratos falados.

Sem entender muito bem a dinâmica, elas se sentiram surpreendidas, o que é confirmado na fala de uma das participantes. O desenhista, vez ou outra, fazia perguntas sobre como elas entendiam que eram os fios de seus cabelos, o nariz, a boca. Durante a execução do trabalho, não houve nenhum contato visual. O que existia era a exploração do imaginário do profissional e o eco das falas dessas mulheres.

Nos desenhos, foram registrados todos os traços: rugas, pintas, sardas, expressões faciais marcadas ao longo do tempo. Elas detalhavam o comprimento, o tom de seus cabelos e outros detalhes, todos registrados em um papel apoiado num cavalete. Um dos resultados foi surpreendente.

Depois, elas conheceram outras mulheres que também estavam participando dessa dinâmica. A tarefa, agora, seria descrever essas mulheres, e não mais a si mesmas. Conforme o desenhista, ao falarem de si, essas mulheres eram críticas e, quando falavam da outra, eram mais gentis e conseguiam enxergar como algo normal e bonito.

Um dos objetivos da campanha publicitária era resgatar a autoestima dessas mulheres, mostrando que todos os seres femininos têm seu toque e tom de beleza.

Resolução

A campanha atingiu seu objetivo utilizando a técnica do *storytelling* de uma maneira bastante eficaz. A empresa escolheu uma pluralidade de mulheres – brancas, negras, orientais –, bem como mulheres que representassem outros padrões de corpos, como do movimento *plus size*, contemplando outros tipos de formato de rosto.

As empresas vêm transformando a forma de trabalhar *on-line* e *off-line*, inclusive, a partir do posicionamento e do comportamento de seus consumidores nas redes sociais. Logo, alguns assuntos que envolvem militância, movimentos e desconstruções de padrão acabam sendo abordados pelas marcas, uma vez que o público deseja consumir esse tipo de conteúdo.

É importante frisar que a técnica do *storytelling* não é invasiva, pelo contrário, ela busca explorar uma comunicação persuasiva. É a capacidade de engajar seus consumidores e usuários, ou seja, de a campanha proporcionar a autoidentificação com a marca, que pode gerar bons resultados.

Contar uma história cria um vínculo muito maior com as pessoas. A marca Dove, em vez de narrar os benefícios de utilizar seus produtos, preferiu contar a história de mulheres que veem problemas na própria pele, na face e no corpo.
É claro que não é vendida a ideia de um produto milagroso, mas se apresenta a sugestão de você ter mais amor próprio e olhar para si com mais generosidade. Logo, é com um toque de determinado produto que isso pode ser intensificado.
A partir dessas histórias de pessoas é possível perceber sutilmente o poder de transformação de suas rotinas e formas de enxergar a si e o mundo. Ao ver que o problema do outro pode ser o nosso também, a tendência é uma identificação mais acentuada. Isso acaba criando uma relação emocional com públicos de interesse da marca ou empresa.

Dica 1

A empresa Rock Content produziu um material sobre casos de *storytelling* de sucesso – citando, inclusive, a campanha da Dove – e explicou como essas empresas obtiveram sucesso nas histórias contadas. Confira um material para se inspirar e começar a produzir a técnica *storytelling* com uma marca.

Acesse: https://comunidade.rockcontent.com/exemplos-de-storytelling/

Dica 2

Em 2018, na semana Social Media Week, em São Paulo, aconteceu uma palestra que envolveu uma série de ouvintes e telespectadores. A consultora e profissional de marketing, Andréa Pirillo, conversou sobre *storytelling* e como essa técnica pode encantar as pessoas. Na palestra, Andréa conta sua história pessoal e compartilha dicas do que funciona e o que não funciona no *storytelling* e como isso deve chegar ao seu interlocutor.

Acesse: https://www.youtube.com/watch?v=f6jWkqA3WWo

Dica 3

A palestra "E-talks: Como fazer apresentações inesquecíveis usando o Storytelling" busca, como o próprio palestrante enfatiza em sua fala, expor e provocar, em 30 minutos, novas maneiras de realizar uma apresentação.

Acesse: https://www.youtube.com/watch?v=ZAGhbUSQDf0

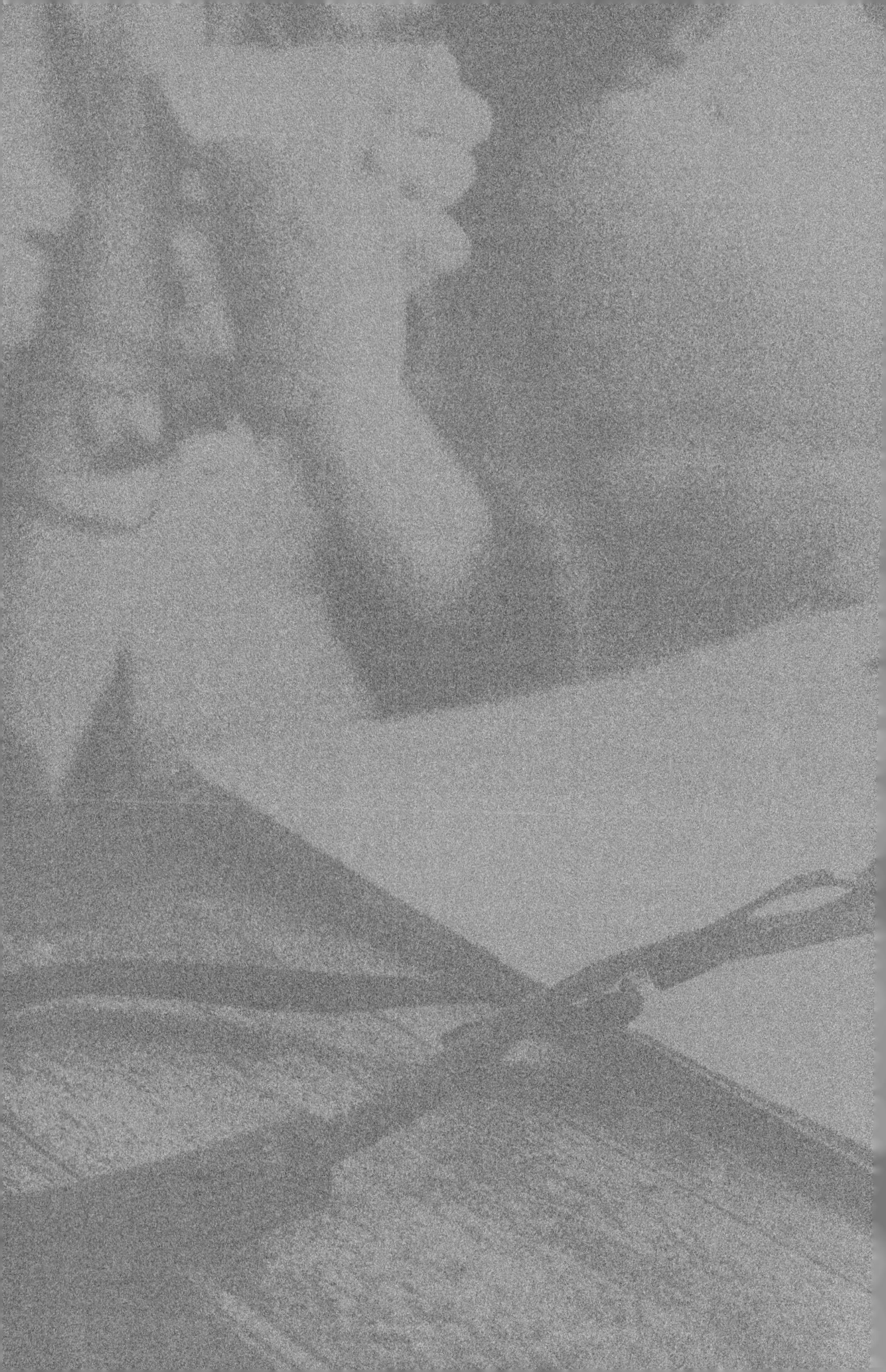

2
A importância da prospecção de clientes

Conteúdos do capítulo

- Prospecção de clientes.
- Agências de publicidade do futuro.
- *Copywriting*.
- Redação publicitária.
- Marketing de conteúdo.
- Gerenciamento de contas.

Após o estudo deste capítulo, você será capaz de:

1. compreender a importância de prospectar novos clientes para a empresa;
2. refletir sobre as possibilidades de agências de publicidade para o futuro;
3. diferenciar *copywriting*, redação publicitária de conteúdo.

Um dos caminhos indicados para alavancar o crescimento no ramo publicitário é conquistar novos clientes. Para tanto, é possível estudar o mercado, realizar um planejamento, fidelizar os antigos clientes, entre outros exemplos. Neste capítulo, discutiremos tais aspectos a fim de orientar publicitários, empresários e pesquisadores da área.

Vamos diferenciar a técnica de escrita *copywriting*, a redação publicitária e o marketing de conteúdo, destacando em quais circunstâncias devemos usá-las. Trata-se de áreas semelhantes, mas que apresentam suas especificidades e, por isso, é preciso compreendê-las para não errar durante a execução de um trabalho.

Também evidenciaremos as agências do futuro, que prometem mostrar novos caminhos a serem percorridos na comunicação e na publicidade. Ressaltamos, nesse contexto, que as agências vão deparar-se com a produção da publicidade em contato com a tecnologia, uma maior flexibilidade da rotina e do trabalho, além do aumento de trabalhos para *freelancers* e uma participação do cliente nesse processo.

2.1
A prospecção de clientes

Muitos profissionais formados têm o conhecimento técnico de seus trabalhos. O problema é que parte deles não entende a importância de prospectar, isto é, conquistar novos clientes. Na publicidade, conseguir novos clientes para uma agência, por exemplo, faz parte das estratégias, formas e etapas para se alcançar o sucesso na área.

Um dos desafios de prospectar clientes é que, diante dos muitos cortes e do cenário econômico atual, conseguir novos clientes pode ser um desafio para empresas e agências. Apesar disso, existem alguns segredos que podem ajudar os profissionais responsáveis por essa ação.

Inicialmente, vamos entender o que é uma agência de publicidade e propaganda. Trata-se de uma empresa que trabalha com formas de comunicação e faz a prestação de serviços para empresas que contratam determinado produto. Sant'Anna (2008) traz uma rica contribuição sobre esse e outros assuntos ligados à publicidade. Para o autor, a agência deve ser capaz de propor soluções criativas e que ajudem mercadologicamente.

> A agência é uma soma de talentos a seu serviço no atendimento, no planejamento, na pesquisa, na criação, na mídia, na produção e na administração. O negócio publicitário repousa sobre a qualidade dos serviços prestados. Uma agência de propaganda aconselha e assiste ao cliente em seus desafios de comunicação com o mercado. (Sant'Anna, 2008, p. 300)

Essa compreensão do que é uma agência e da diversidade de suas áreas, o que vai além de simplesmente vender um serviço, aponta para a necessidade de nos aprofundarmos nessas ramificações. Para chegar a vender um tipo de serviço, é preciso que haja profissionais qualificados para tal função. Quando ingressam no mercado, uma das grandes dificuldades desses profissionais é prospectar novos clientes.

A prospecção de clientes permite atingir a ampliação de mercado e a geração de receitas futuras. Existem muitas perguntas que podem ser feitas para quem deseja prospectar novos e mais clientes, como "Qual o desafio que você está enfrentando?", pergunta essencial para que você saiba por onde deve caminhar, isto é, quais as dificuldades e os desafios que estão sendo enfrentados; ou "Que orçamento você tem disponível?", uma vez que não dá para fazer grandes planos quando o cliente não tem verba suficiente ou não está disposto a fazer os investimentos necessários para obter um resultado. Há muitas outras perguntas, a depender do perfil e de quem seja o cliente. Percebemos, por enquanto, que o processo de prospecção clientes exige cuidados e atenção.

As mídias digitais, por sua vez, são vistas como um fator muito importante na divulgação da empresa – e confirmaremos isso adiante. E um dos motivos é o fato de que se trata de um recurso essencial na vida empresarial, pois é pelas mídias digitais que é realizada a maior parte dos anúncios, das divulgações e das descobertas.

Diante disso, o investimento na divulgação de anúncios para as mídias e em *sites* que geram a circulação de usuários tem sido mais intenso. Isso porque o alcance que esses tipos de anúncios conseguem projetar para uma empresa é significativo.

O olhar e a opinião do cliente são quesitos que não podem ser desconsiderados nesse processo. Essa perspectiva é um dos principais caminhos a serem seguidos em uma empresa. Os clientes podem ser (e são) fundamentais para o crescimento do negócio, já que eles têm um objetivo predefinido e é por meio dos profissionais especializados que eles buscam alcançar suas metas.

No caso da propaganda, ainda não há ligação com a cultura de uma sociedade. Acredita-se que essa é uma área capaz de transformar as tendências. As informações divulgadas podem, ainda, transformar aquilo que era apenas aspiração em consumo, e as mensagens comerciais, em vendas e lucros.

Com o advento da era industrial, a concentração econômica e a produção em massa trouxeram como consequência a necessidade de aumentar o consumo dos bens produzidos. Para atender a essa necessidade, as técnicas publicitárias foram se aperfeiçoando. A publicidade tornou-se mais persuasiva, perdendo o sentido inicial, de caráter exclusivamente informativo.

O surgimento da propaganda no Brasil foi visto nos jornais impressos em meados no século XIX, influenciada pela publicidade que já existia no exterior. Ao longo de acontecimentos históricos, como a Primeira e a Segunda Guerras Mundiais, chegaram ao Brasil veículos de comunicação como o rádio, eclodiram movimentos revolucionários como o feminismo, instaurou-se a ditadura militar, mostrando que a propaganda foi influenciada pela e também influenciou a população.

Aucar (2016) faz um estudo sobre a história e o desenvolvimento das agências de publicidade no Brasil. Ele escreve sobre essa área com a finalidade de compreender os principais movimentos do campo no Brasil ao longo dos últimos 100 anos. Além do mais, a pesquisa procura mapear o curso das agências e as conexões com as transformações histórico-culturais.

> A publicidade, que hoje engloba diversos domínios da vida coletiva e é vivenciada nas ações mais corriqueiras de nosso dia a dia, será pensada a partir do processo de industrialização que transformou substancialmente as sociedades ocidentais a partir do século XVIII. Neste sentido, a dimensão histórica é o alicerce

para o entendimento deste movimento simbólico que tomou conta dos modos de vida. A Revolução Industrial provocou uma reordenação cultural universalizante, derrubou as barreiras geográficas entre nações e rompeu com experiências anteriores. (Aucar, 2016, p. 46)

Vale recordar que, durante certo tempo, a publicidade brasileira era basicamente falada. Poucos foram os avisos veiculados de forma escrita, os quais se utilizavam de uma linguagem simples e não faziam uso das técnicas de persuasão. Em uma primeira fase da publicidade no Brasil, prevaleceram os classificados em jornais.

De acordo com Martins (1997), a primeira agência de publicidade no Brasil surgiu por volta de 1891. Denominada de *Empresa de Publicidade e Comércio*, ela era a corretagem de reclames. Ramos (1985) sugere outra data, 1913 ou 1914, e que teria supostamente outro nome, *Castaldi e Bennaton*.

No Brasil, por volta dos anos 1950, o advento da televisão foi significativo. Tanto a televisão quanto o rádio marcaram expressivamente a vida de muitos de brasileiros. Até o ano 1900 no Brasil, as propagandas baseavam-se em temas como compra e venda de móveis e até de escravos.

Outro aspecto histórico é que as propagandas, na época, utilizavam políticos em muitas divulgações. A publicidade, inclusive, teve um impacto direto e influente em campanhas políticas. Alguns centros de estudos contabilizam que a primeira campanha política brasileira foi o *Manifesto Republicano*, lançado em 3 de dezembro de 1870, no jornal *A República*, do Rio de Janeiro.

"Seu autor foi Quintino Bocaiúva, que era jornalista e foi, sem dúvida, o primeiro marqueteiro brasileiro", afirma Adolpho Queiroz [...].

O Manifesto expunha a insatisfação com o imperador D. Pedro II e seu governo, e foi importante para incentivar diversos setores da sociedade em todo o país a apoiarem o fim da monarquia. A forma de governo monárquico acabou, mas o primeiro presidente da República não foi eleito pelo povo. [...]. (Costa, 2009)

Sobre um levantamento das agências de publicidade do país, para além da região ou da época em que foram criadas, é possível observar que não existe uniformidade em dados quanto à sua denominação: algumas são identificadas por agências de publicidade e outras são agências de propaganda, e, histórica e semanticamente, há diferenças marcantes entre ambas (Gomes, 2003).

Essa retrospectiva marca um período importante na história da publicidade brasileira. Foram as evoluções que determinaram novas conquistas na área e, notoriamente, as ferramentas tecnológicas, tanto quanto as redes sociais digitais, assinalam a ascensão publicitária, sendo possível, em alguma medida, prospectar usuários e clientes por meio dessas ferramentas.

São inúmeros os aspectos que elevam a prospecção de clientes ao patamar das etapas mais importantes do processo de vendas e também das agências de publicidade. Diante disso, podemos notar quanto é necessário planejamento, foco na *buyer* persona certa e conversas e abordagens de vendas significativas.

Martins (2002) entende que são poucas as circunstâncias em que empresas não procuram os serviços de uma agência, mesmo que pequena. Embora a legislação não obrigue o interessado a fazer uso de agências para a contratação de serviços, os grandes anunciantes quase sempre trabalham com elas.

Ao longo dos anos e com o destaque das agências publicitárias, empresários e microempreendedores passaram a apostar nessas empresas que prestavam serviços terceirizados de comunicação. Além disso, também começaram a reconhecer a importância de contar com uma equipe especializada em assuntos de atendimento, planejamento e mídia, ainda que não seja um consenso que todas as empresas aceitem e saibam distinguir as funções.

O autor ainda afirma que o departamento administrativo é como o de qualquer outra empresa, e o comercial é dividido em duas áreas principais: prospecção e atendimento.

Essas divergências de opiniões na literatura acontecem, e Gomes (2003) é um dos autores que entendem que cada agência tem seu próprio funcionamento. Apesar disso, independente de serem pequenas ou grandes agências, algumas funções são tidas como essenciais. Essas funções são: atendimento, planejamento, criação, produção e mídia.

A propaganda, apesar de continuar sendo um trabalho artesanal e único para cada agência e/ou cliente, acaba passando por um processo de sofisticação. Os avanços significativos das tecnologias causam uma dependência cada vez maior dos especialistas, que, por sua vez, recorrem a profissionais mais especializados, em uma subdivisão de tarefas destinada a solucionar problemas de acordo com o segmento específico. Diante disso, não se pode tomar uma decisão retrógrada, de quando o atendimento era a peça principal da agência.

A prospecção de clientes é uma das tarefas desempenhadas dentro de uma agência de publicidade e propaganda. Trata-se de identificar os clientes potenciais, qualificá-los e encontrá-los no mercado (Silva, 2011). Assim, para identificar esses clientes potenciais, os profissionais responsáveis por essa tarefa devem ter noções para além do conhecimento técnico.

Isso quer dizer que conhecimentos que envolvam o relacionamento com o cliente, estratégias de marketing, linguagem adequada, vendas e planejamento estratégico estão entre os desejados pelo mercado.

Para galgar novos clientes, ainda, os publicitários precisam compreender que a publicidade em si já não é a mesma de anos anteriores. Antigamente, ela acontecia especificamente por meio do jornal impresso. Páginas enormes continham anúncios e propagandas, disponibilizando pequenos espaços para as notícias. Na época, o jornal impresso era um grande veículo de massa. Nos dias atuais, poucas são as versões que circulam desse tipo de jornal.

Após um longo período, os desafios passaram a ser outros, e a área já não se resume a uma única ferramenta capaz de conseguir gerar resultados mercadológicos. Tarsitano e Navacinsk (2005, p. 10) explicam que novos elementos, como a promoção de vendas, o *merchandising*, as relações públicas e os eventos, têm crescido muito como ferramentas estratégicas das empresas.

Para prospectar novos clientes, é fundamental saber quem são esses clientes e o perfil desejado. Eles podem variar conforme o tamanho, a estrutura e a quantidade de serviços ou produtos. Silva (2011) avalia que o bom cliente é o capaz de observar na propaganda um investimento necessário. Ao enxergar na propaganda uma maneira de crescimento no mercado, o cliente permite, entre muitas coisas, que a agência atue com autonomia, depositando confiança no trabalho desenvolvido.

No entanto, ressaltamos que conquistar novos clientes é importante, mas conhecer e fidelizar aqueles já existentes também é necessário. A fidelização pode acontecer quando a agência estuda o perfil, faz um levantamento e planejamento duradouro, de modo que, logo no primeiro encontro, o cliente já perceba a receptividade para com seus produtos e serviços.

Em se tratando de uma realidade com mercado amplo, o processo de prospecção demanda um trabalho sistemático. É nesse trabalho que ocorre o aumento de vendas e a substituição de alguns clientes. Isso significa que, assim como agências são substituídas, os clientes que não estão dando retorno também podem passar pelo mesmo processo.

Esse processo de conquistar novos, fidelizar os antigos e romper com os que não geram resultados é cíclico no mundo mercadológico. O interessante, sobretudo, é que a prospecção é uma estratégia que merece ser estudada e pesquisada pensando como um consumidor: o que ele deseja adquirir e consumir, de qual maneira e em qual quantidade.

O mercado publicitário, em geral, pode ser considerado um tipo de indústria, pois envolve diversos agentes, clientes e toda uma geração de negócios, empregos e rendas em torno do assunto. Conquistar novos clientes exige, também, que as agências especializadas em vender serviços e produtos na publicidade passem por um processo de readaptação quanto ao seu papel e à sua organização.

Os modelos de agências de publicidade do futuro são um dos caminhos discutidos teoricamente por Cunha (2018). Apesar de não se debruçar sobre a prospecção e o atendimento de clientes, o autor aborda a transformação que o mercado tem ditado às agências de publicidade e propaganda. Ele reconhece que os clientes estão investindo cada vez menos em publicidade tradicional, como é o caso da publicidade *off-line*. Algumas empresas até descartam essa possibilidade.

A relação disso com a prospecção de clientes é que tal atitude demonstra como essas marcas e os potenciais clientes devem ser alvo das agências. Portanto, é preciso seguir as tendências e estar atento a essas mudanças. Assim, compreender a maneira de conquistar novos clientes demanda pesquisar como serão as agências do futuro.

Figura 2.1 Profissionais em uma agência de publicidade

Jacob Lund/Shutterstock

Essa reflexão é feita por Cunha (2018). Ele explica que as agências passarão a atuar de forma segmentada e por nichos, e não necessariamente focada apenas em campanhas publicitárias, como foi por muitos anos (e ainda é). Em congruência com esses trabalhos, está o uso das tecnologias como a Inteligência Artificial (IA), o *Big Data* etc. Com o crescimento avançado dessas tecnologias, as produções deverão tornar-se mais híbridas e com mais possibilidades de execução.

O autor ressalta que haverá um número reduzido de colaboradores fixos e que crescerá o número de *freelancers*, permitindo que o profissional possa estar em diversos projetos ao mesmo tempo. Isso trará vantagens como a flexibilidade de horários, e o cliente terá possibilidade de estar mais presente e de acompanhar o projeto com novas formas de criação (Cunha, 2018).

Alguns profissionais apostam que o antigo modelo do *briefing* e de soluções de comunicação já estão em desuso. A questão é que, para algumas produções, o trabalho é feito constantemente. As decisões podem ser tomadas por e-mail, pelas redes sociais e por qualquer outra tecnologia. O *brainstorming* não tem mais começo, meio ou fim: ele ocorre o tempo todo, está sempre em desenvolvimento. As marcas demandam, hoje, atenção permanente.

No Brasil, grandes clientes querem cada vez mais um atendimento personalizado e direto com quem pode resolver seus problemas, sem leva e traz. Isso não é desvalorizar os profissionais de atendimento, mas constatar que o papel que eles devem assumir mudou. Mesmo diante dessas mudanças, há pesquisadores que não acreditam no desaparecimento da função, mas de atualizações na área.

Nas transformações, também podemos concluir que o consumidor *on-line* tem um comportamento diferenciado. As empresas inseridas na internet, por exemplo, devem adaptar-se para satisfazer as necessidades desses usuários, entendendo quais são seus desejos e suas prioridades. Isso também parte de um mercado competitivo na internet, que está a todo instante se readaptando.

Com o crescimento e popularização da internet, as empresas passaram a utilizar a ferramenta do marketing para obter informações e resultados, melhorando a comunicação com seu cliente e, consequentemente, aumentando a lucratividade. A internet se transformou em um meio de as empresas alavancarem suas vendas de forma direta e indireta.

A função do marketing, mais do que qualquer outra nos negócios, é lidar com os clientes. Kotler e Armstrong (2007) acreditam que o marketing é "administrar relacionamentos lucrativos com o cliente". Os dois principais objetivos são: atrair novos clientes – o que entendemos como a prospecção – prometendo-lhes valor superior, mantendo e cultivando os clientes atuais, propiciando-lhes satisfação.

Essas formas de crescimento ainda são identificadas no marketing digital:

> O marketing digital possui um baixo custo, principalmente se comparado aos modelos convencionais de publicidade. Além disso, as empresas podem selecionar um público-alvo de forma mais eficiente e com um investimento menor. Esse custo de operação reduzido permitiu às empresas de pequeno porte também adotarem essa modalidade de marketing. (Sobreira; Jesus, 2019, p. 5)

O marketing também é um termo bastante difundido, mas muitas vezes é mal compreendido por algumas pessoas. Pela sua abrangência, faz com que tenha diferentes significados, os quais explicaremos a seguir, dando enfoque para o marketing digital.

Boone e Kurtz (2009, p. 6) explicam detalhadamente:

> Peça a cinco pessoas para definir marketing e provavelmente serão dadas cinco definições diversas. Devido à continua exposição à propaganda e à venda pessoal, a maioria das pessoas tendem a vincular marketing à venda. Há mais de 25 anos, a *American Marketing Association*, uma associação

de marketing em nível internacional, tentou padronizar a terminologia do marketing ao defini-lo como "o desempenho de atividades comerciais que direcionam o fluxo de bens e serviços do produtor ao consumidor ou usuário". Esta definição, entretanto, mostrou-se limitada. Implicava também que o marketing começava no final do pátio de embarque de mercadorias do produtor, enfatizando o fluxo de mercadorias e serviços já produzidos. Falhava em reconhecer o papel crucial do marketing em analisar as necessidades do cliente e assegurar o fluxo de informações necessárias para adequar as mercadorias e serviços criados pela produção de empresas às expectativas do comprador. A antiga definição também ignorava milhares de organizações sem fins lucrativos, que se engajaram nas atividades de marketing. Fez necessária uma abordagem mais ampla e descritiva, que definisse a empresa como um sistema organizado que procura adequar sua produção ao que os clientes consideram como tendo valor.

Uma das ferramentas que podem auxiliar na prospecção de clientes é o marketing digital (Jovidski, 2012). Na área do marketing, existem diversas variações: marketing de conteúdo, *cybermarketing*, marketing de massa, marketing político, marketing direto, marketing de relacionamento, entre outras. A identificação do público-alvo é um dos passos para que uma campanha de marketing tenha sucesso, aliás, característica já destacada anteriormente.

Figura 2.2 Marketing digital

Marketing digital

Branding | Website | SEO | Anunciar | Mídia social | Marketing de conteúdo | Viral | Serviço

De acordo com Jovinski (2012), essa forma de marketing digital pode auxiliar na prospecção de clientes a partir de algumas características, como encontrabilidade, usabilidade, credibilidade e vendabilidade de seus produtos e serviços.

A **encontrabilidade** significa o acesso que os clientes devem ter para encontrar a empresa.

Como se sabe, a internet ajudou a construir um novo campo de informações. Posteriormente, esse campo sofreu expansão e passou a ser um dos mais importantes. Também chamado de *marketing digital*, passou a ganhar relevância por parte das empresas e de clientes. Essa é a área capaz de estabelecer estratégias a partir do campo da internet.

A internet ainda é capaz de oferecer diversas vantagens e benefícios, como novos recursos que são disponibilizados de forma quase ilimitada de informações e oportunidades. O ramo empresarial tem a vantagem de operar canais de vendas e informações, obtendo um alcance geográfico por divulgar e promover o negócio em larga escala.

Um exemplo prático é que as maiorias das empresas está nas redes sociais, o que facilita a busca por informações sobre o estabelecimento. Atualmente, a empresa que não está imersa na rede, além de dificultar a encontrabilidade, perde por não estar vendendo *on-line*.

Torres (2009) definiu o marketing digital como o uso de estratégias de marketing e de publicidade aplicadas à internet para atingir determinados objetivos tanto de pessoas quanto de uma organização. Esse é o tipo de marketing capaz de fazer com que os clientes conheçam o negócio, tomem decisões e confiem no trabalho construído virtualmente.

É nesse segmento que os elementos visuais devem ter destaque para o consumidor *on-line*. Além disso, o ambiente *on-line* necessita de linguagem persuasiva, que é o tipo de escrita que propõe mais engajamento e aproximação, o que pode ser convertido em vendas. Obter esses resultados na linguagem persuasiva exige três coisas: escrever certo, da maneira certa e para a pessoa certa.

Outra característica destacada por Jovinski (2012) é a **usabilidade**. Isso significa que o usuário do ambiente *on-line* deseja que a informação para consumo esteja intuitiva. O conteúdo de fácil acesso e intuitivo é capaz de conquistar clientes, o que viabiliza uma boa experiência ao usuário.

Para saber mais

Uma das formas ilustrativas de aprender a prospectar clientes pode ser por meio dos filmes. No filme *Os estagiários*, são contadas histórias de profissionais da área de vendas.

Um dos desafios que enfrentam é o chamamento para um processo seletivo, mas eles não têm a habilidade das tecnologias. Esse é um ótimo exemplo de como é importante conhecer o público-alvo, afinal, é prerrequisito conhecer o que se vende e, consequentemente, obter o sucesso nos negócios. Procure assistir ao filme indicado e fazer conexões com o que já foi estudado.

Antes de abordarmos o conceito de marketing digital, mencionamos Kotler e Keller (2006) afirmam que o marketing é um conceito que vem evoluindo. Segundo os autores, é por meio do marketing que as pessoas obtêm aquilo de que necessitam e o que desejam, principalmente em razão da criação, da oferta e da livre negociação de produtos e serviços.

Os autores esclarecem que o marketing é uma palavra em língua estrangeira derivada de *market*, que significa "mercado", utilizada para expressar as ações voltadas para o mercado. A empresa que pratica o marketing tem o mercado como a razão e o foco de suas ações (Kotler; Keller, 2006).

As pessoas estão se envolvendo constantemente em atividades que podem ser identificadas como ações do marketing. A propósito, o bom marketing tem se tornado indispensável para atividades ligadas ao ramo de negócios, afetando as dinâmicas e a vida cotidiana (Kotler; Keller, 2012). Os autores acreditam que, para uma empresa obter lucro, é necessário que haja um responsável para dar andamento às tarefas, e, claro, ele precisa entender o que é o marketing, como ele funciona, para que serve e por quem feito é feito.

Para saber mais

Outra série que é opção para publicitários: *The crazy ones*. Com uma única temporada, a série mostra o cotidiano de uma agência de Chicago, nos Estados Unidos. Com boas doses de humor, os episódios mostram os publicitários contornando situações reais com seus clientes. Você pode se identificar e, aliás, imaginar como se sairia resolvendo a mesma situação.

Uma das tendências é que o marketing digital adentre, cada vez mais, o ramo empresarial. Vender o próprio produto na internet se tornou mais rápido e fácil após as práticas que envolvem usar as redes sociais em negócios.

Essa utilização das ferramentas digitais não só possibilitou uma construção do marketing no digital, mas também o aumento da relação direta entre empresa e cliente. Vale ressaltar que, para descobrir a maneira ideal de prospectar clientes no espaço digital, é necessário experimentar os diferentes formatos de entrega de conteúdo.

É na internet que as marcas buscam fortalecer sua identidade. E para buscar o fortalecimento da marca no ambiente virtual, as empresas precisam estar atentas aos algoritmos, por exemplo, de uma rede social como o *Instagram*. Isso porque, nesse espaço, o algoritmo entende que o conteúdo deve ser distribuído de acordo com o interesse, a factualidade, o relacionamento, a usabilidade e quem você segue.

Fica evidente que o mundo publicitário é permeado por uma série de desafios, sejam as redes sociais e sua associação com o marketing digital, de conteúdo, sejam as vivências abordadas nas séries televisivas, a exemplo da que foi citada anteriormente. Essas dicas ficam mais fáceis de serem visualizadas quando experienciadas na prática profissional.

Perguntas & respostas

Existe alguma "fórmula pronta" para conquistar novos clientes na internet?

A resposta é não. Construir a identidade e a presença da marca na internet exige algumas práticas, como a constância e o engajamento, o que pode resultar na conquista de clientes. Explorar formatos é uma das maneiras de buscar descobrir como o público-alvo deseja receber esse conteúdo. Outra dica é humanizar o conteúdo, afinal, conversar com pessoas permite a entrega de sentimento, logo, quem assiste e se identifica, pode acabar interagindo e vendo sentido para consumir tal produto. Essas são algumas dicas, mas a principal delas é experimentar diferentes maneiras para a entrega, o que pode resultar em vendas do conteúdo.

Assim, compreendemos que a prospecção pode ser realizada de diversas formas. Essa é uma etapa importante por ser um dos modos de se relacionar com os possíveis clientes. O objetivo final é a venda, mas, antes disso, é preciso construir um caminho que atinja resultados.

O ato de prospectar está diretamente relacionado à ação de procurar algo. No campo das vendas, quando falamos de prospecção de clientes, aludimos a um estágio de pré-venda, no qual você **procura por potenciais clientes**. Assim, é maior a satisfação dos potenciais clientes, pois, quando você prospecta, a intenção é conquistar o afeto daquele prospecto para que, futuramente, ele se torne um cliente.

As pessoas que trabalham com a prospecção devem estar cientes de que forçar a venda não é o caminho indicado. Ao contrário, o vendedor, nesse caso o publicitário, deve tentar auxiliá-lo da melhor maneira possível. Caso a solução não o atenda perfeitamente, é indicado buscar outra solução que supra as necessidades do cliente.

Na publicidade, para fechar acordos e conquistar clientes nos dias atuais, a presença do dono da agência é necessária. Geralmente, essa reunião acontece com o proprietário da agência e outros donos de empresas.

Embora muito se fale do profissional da publicidade, em alguns casos, o protagonista nas vendas é um profissional especializado na área que será prospectada. Estabelecer parcerias e ter um bom relacionamento é importante, pois isso pode causar "boa impressão" e resultar no fechamento de contratos. O ideal é que a prospecção de clientes não se limite a um profissional especializado em vendas, ampliando as possibilidades de negócios.

No entanto, devemos lembrar que a definição de função em uma agência de publicidade é crucial para o avanço profissional da equipe. Vendas exigem habilidade, claro, e é interessante que um profissional esteja encarregado disso, assim como o próprio dono, que pode participar de reuniões importantes. Profissionais especialistas em determinadas áreas tendem a realizar melhor suas tarefas.

Alguns autores reforçam isso enfatizando que o tratamento é um grande diferencial nessa relação: "Um tratamento especial, desenvolvendo uma relação de amizade através de uma comunicação positiva é essencial, já que é mais fácil criar uma imagem positiva do que apagar uma negativa" (Tschohl, 1996, p. 59).

2.2
Copywriting: como funciona?

Discutido o conceito e as características do atendimento ao cliente, a prospecção de clientes (ou contas) também se conecta com o tema. Isso porque a excelência do atendimento nas agências de publicidade, se bem trabalhadas, pode ajudar na conquista do público desejado. Atrelado ao sucesso de vendas e ao atendimento aos clientes, o estudo da linguagem adequada para essas atividades também é de grande importância.

A primeira delas é a técnica de escrita conhecida por *copywriting*. Na prática, ser um profissional *copywriter* exige que você tenha boas práticas e utilize recursos para engajar o leitor. Uma das maiores dicas é que um bom *copywriter* precisa conhecer seu público, afinal, deve saber para quem está escrevendo (e vendendo) algo. Esse é também conhecido como o processo de escrever textos persuasivos para ações do marketing e de vendas.

Outra técnica é o marketing de conteúdo, que, por sua vez, é responsável por engajar a persona utilizando técnicas. Diferentemente do *copywriting*, é no marketing que existe um funil de vendas. Essa técnica é realizada por meio de *blog, posts, e-books* e outros formatos. No caso do *copywriting*, geralmente, a técnica é utilizada em *landing pages*, malas diretas etc.

Apesar de não ser tão difundido entre as pessoas, o termo *copywriting* não é algo novo. A palavra *copy* foi usada pela primeira vez em 1828 por Noah Webster e, diferentemente de seu significado literal, "cópia", o termo remetia a "algo original que deve ser imitado na escrita e na impressão".

Com o passar do tempo, a definição deixou de ser usada, permanecendo somente entre os profissionais do jornalismo. Em meados de 1870, eles passaram a definir o *copywriter* como o profissional que escrevia anúncios, para diferenciar da atividade do redator de notícias. Os *copywriters* do século XX, portanto, nada mais eram do que redatores publicitários, e o trabalho desses profissionais ajudaram várias marcas a **conquistar fama e milhões de dólares** na época.

Figura 2.3 Modelo da técnica de *copywriting* como ferramenta estratégica para vendas

Conhecer bem o cliente pode ser um diferencial, pois, à medida que você conhece para quem está escrevendo, você se torna capaz de personalizar, cada vez mais, sua mensagem. O *copy* (forma abreviada) é composto pela escrita persuasiva, que pode ser aplicada de várias formas. Trata-se das maneiras de levar alguém a acreditar que aquilo que é dito é real.

Os gatilhos mentais (reciprocidade, compromisso, coerência, aprovação social, afeição, autoridade e escassez) são os mais fáceis e conhecidos gatilhos, sendo possível aplicá-los nos textos de publicidade. A prova social, por exemplo, é aquele texto que contém depoimentos e falas de especialistas sobre determinado assunto. O campo da publicidade é composto de termos novos e até mesmo diferenciados. Utilizá-los no dia a dia é mais fácil para a memorização.

Exercício resolvido

Pollyana deseja escrever um anúncio para aumentar as vendas de seu negócio. Ela foi orientada a contratar um tipo de profissional que resolvesse essa questão. O problema é que Pollyana não sabe distinguir o perfil exato para esse tipo de trabalho. Como você imaginaria ajudá-la? Escolha a alternativa que indique o profissional certo, as estratégias a serem executadas e o porquê de sua escolha.

a) Um publicitário, pois ele é um profissional atualizado em redes sociais, logística, atendimento, vendas, marketing, treinamento e outros assuntos relacionados,
b) Um profissional do atendimento publicitário, pois ele é o responsável pelo atendimento e pela elaboração do *briefing* e, ao mesmo tempo, pelo atendimento nas redes sociais.

c) Um *copywriter*, pois ele é habilitado para escrever textos persuasivos, que vendem e que utilizam os indicados gatilhos mentais, capazes de alavancar qualquer negócio.

d) Um jornalista, já que ele é treinado para escrever diversas modalidades de textos, além de ajudar no atendimento de clientes e publicações das matérias e vendas.

Gabarito: C

***Feedback* do exercício:** Um publicitário apresenta diversas características que favorecem o trabalho com anúncios. Todavia, o enunciado especifica que a profissional deseja contratar alguém para escrever um anúncio, assim, é interessante alguém treinado especificamente para essa função. Quanto às atribuições ao atendimento publicitário, a elaboração do *briefing* se distancia da proposta exigida: a de criar um anúncio, ou seja, um documento com informações sobre a construção de uma campanha ou marca. Por fim, o jornalista é treinado para escrever diversos textos, o que também poderia incluir anúncios, no entanto, essa é uma prática mais específica do profissional *copywriter*.

Após compreender as diferenças entre o *copywriter* e o marketing de conteúdo, abordaremos a redação publicitária. O livro de Jorge Martins (1997) é uma boa dica para entender os processos da escrita publicitária, além dos processos que envolvem a agência de publicidade. A obra nos mostra, sobretudo, que evitar deslizes profissionais também na escrita é importante para impedir a perda de clientes.

Martins (1997) adota, em sua obra, a linguagem publicitária, que tem sua importância, pois é ela que oferecerá ao redator, profissional de propaganda responsável pela criação dos textos, inúmeras saídas para cada *briefing* apresentado. Lidar com as variações que a linguagem disponibiliza é ter o poder da persuasão em suas mãos, e isso é fundamental na propaganda.

No livro, o leitor pode compreender um pouco mais sobre a redação na publicidade brasileira. De maneira descritiva, é possível entender quais são as características predominantes, como ela começou e qual é o tipo de profissional que trabalha com esse serviço.

Além disso, com todas as mudanças globais acontecendo, a redação publicitária também sofre transformação, e é preciso entendê-la. Por isso, ela se torna fundamental para que a maioria dos anúncios alcance seu objetivo de persuadir, comunicar ou simplesmente apresentar um produto ao cliente.

Essas diferenças e práticas que envolvem a publicidade demonstram que a relação do consumidor com o produto também mudou. Hoje, percebemos um perfil de cliente mais exigente e ciente das características e das funcionalidades básicas de um produto. Isso é uma questão relevante, pois aumenta a responsabilidade de quem vende um produto. Agora, além de a propaganda estar mais voltada a públicos específicos, ela demanda a criação de um clima favorável à compra.

Quando falamos da gestão estratégica de contas, cuja forma é considerada necessária para a manutenção dos clientes ativos e, ainda, dos que estão por vir, o assunto é crescente e de interesse no ambiente das pesquisas científicas e dos profissionais nas áreas de marketing e vendas. Sucintamente, a gestão estratégica de contas busca analisar a cocriação de valor por meio de parcerias entre empresa e clientes estrategicamente importantes (Storbacka, 2012).

O relacionamento de compra e venda entre empresa e cliente é apresentada em cinco níveis: transações pontuais, transações repetidas, relacionamento de longo prazo, alianças e integração vertical (Lambe; Spekman, 1997). Para que o relacionamento entre as partes evolua, é indicado um programa, ou seja, um planejamento estratégico de relação com o cliente.

Para saber mais

No YouTube, você pode encontrar uma série de palestras que indicam ferramentas utilizadas para a venda de negócios e atração de clientes nas plataformas digitais. Intitulada *Gerenciamento de redes sociais – mini treinamento*, nela o instrutor explica passo a passo como utilizar essas ferramentas e quais as indicadas para cada atividade. Separadas em grupos, ele também fala sobre as ferramentas visuais, de design, de gerenciamento e de organização de conteúdo.

Ao contrário das boas práticas, o atraso no atendimento e na entrega desses serviços, o desalinhamento de interesses e o foco incorreto podem ser maus exemplos de relacionamento entre uma agência e o cliente.

Portanto, trabalhar em parceria e com uma comunicação eficiente entre ambas as partes deve ser fundamental. A agência precisa conhecer detalhes do negócio ao mesmo tempo que o cliente precisa estar ciente das propostas. Por outro lado, a palestra indicada pode servir como orientação para quem deseja iniciar no campo dos trabalhos publicitários e com redes sociais. A seguir, trataremos detalhadamente de algumas ferramentas para o gerenciamento das redes.

2.3
Gerenciamento de contas nas redes sociais

Antigamente, a presença nas mídias sociais digitais por parte das empresas era algo tipo como um "bônus". Nos dias de hoje, estar presente nas redes é uma prática obrigatória. A empresa que se destaca nos negócios está, naturalmente, inserida nessas plataformas. Elas entendem, portanto, o valor dessas plataformas e utilizam-nas no relacionamento com seus clientes e na promoção de produtos, serviços e conteúdos de interesse público.

O gerenciamento de contas envolve um trabalho cercado de diversas ações: estratégias, planejamento das publicações, acompanhamento das redes, execução e monitoramento. Para isso, é preciso que uma pessoa se dedique a esses canais, estudando-os e identificando seus benefícios. Uma das coisas que você, como profissional da área, deve buscar responder é: **Em quais redes sociais a empresa deve estar presente?**

Algumas empresas estão obrigatoriamente no Facebook, em razão da abrangência dessa rede. Outras veem no Instagram sua principal vitrine de vendas, por se tratar de uma rede social visual e que busca inspirar as pessoas.

O mais importante é identificar o que o público deseja. Assim, você saberá em qual rede social encontrá-lo. Novamente, a melhor resposta é "depende". Talvez o dono da empresa, a agência ou o funcionário responsável precisem fazer testes para verificar qual possibilidade se encaixa melhor nesse formato.

Vejamos as possíveis redes sociais para, depois, descobrir quais plataformas e ferramentas são capazes de gerenciá-las.

A primeira mencionada é o **Facebook**, lançada em 2004. Só no Brasil, em 2016, foram registrados 100 milhões de usuários da rede. As atualizações do Facebook funcionam de maneira dinâmica, e cada usuário recebe um tipo de conteúdo de acordo com o que mais gosta, o que inclui de seus amigos e de suas páginas. A rede ainda é capaz de selecionar – de acordo com a interação, as curtidas e outros comandos – o conteúdo ideal para cada tipo de usuário.

Figura 2.4 Facebook

PK Studio/Shutterstock

No caso do **LinkedIn**, trata-se da rede social mais indicada para aqueles interessados no mundo corporativo e profissional. Ela se parece bastante com as redes de relacionamento, mas com um foco um pouco diferente. Muitas são as empresas que acabam fazendo o processo de recrutamento por lá. O que precisamos observar é que a finalidade do LinkedIn é diferente da proposta de cunho pessoal e de entretenimento do Facebook, por exemplo.

Diversas outras redes sociais, como **Instagram**, **Twitter** e **YouTube**, apresentam suas particularidades e merecem ser experimentadas. Com uma estratégia bem definida, uma empresa tem grandes chances de conquistar o real benefício que cada uma delas pode proporcionar.

Quando se pensa em fazer uma campanha em qualquer uma dessas plataformas, é necessário planejamento estratégico e conhecimento da linguagem usada nas diferentes redes sociais e comunidades. Vejamos o quadro a seguir.

Quadro 2.1 Redes sociais

Rede social	Número de usuários	Características e conteúdos
Facebook Ano 2004	2,3 bilhões	• Compartilhamento de citações e frases motivacionais • Dicas de fácil aplicação • Imagens atrativas • Vídeos curtos • Utilização de memes atuais • *Links* de notícias

(continua)

(Quadro 2.1 – conclusão)

Rede social	Número de usuários	Características e conteúdos
Instagram Ano 2010	1 bilhão	▪ Utilização do *story* em fotos e vídeos para aproximação com seguidores ▪ Materiais com *hashtags* para categorização e alcance ▪ Transmissões ao vivo ou IGTV ▪ *Reposts* de conteúdo ▪ Promoção de *posts story* e *feed*
LinkedIn Ano 2003	550 milhões	▪ Dados e informações sobre negócios ▪ Anúncio e descoberta de vagas ▪ Compartilhamento de conteúdos de seu interesse ▪ Progresso de habilidades em tempo real do perfil ▪ Conteúdos formais
Twitter Ano 2006	330 milhões	▪ Postagens despojadas com limitação de caracteres ▪ *Trending topic* dos assuntos mais comentados no mundo ▪ Utilização de textos, *gifs*, imagens, enquetes etc. ▪ Interação dinâmica em tempo real
Pinterest Ano 2010	250 milhões	▪ Repositório de inspiração e ideia ▪ Criação de álbuns onde ficam salvos seus *pins* ▪ Dicas de moda, receitas, organização e decoração, faça você mesmo etc. ▪ Compartilhamento de vídeos e fotos do usuário ou de outro

Fonte: Elaborado com base em Machado, 2019.

Sobre as ferramentas de gerenciamento, uma das plataformas que se tornou bastante conhecida e usual para o gerenciamento de contas foi o **Buffer**. A plataforma consegue resolver, em um único lugar, o gerenciamento de diversas redes sociais. Com o *Buffer*, o profissional consegue escrever, programar e acompanhar *posts* no Facebook, no Instagram, no Twitter, no LinkedIn e no Pinterest, entre outras redes.

Essa ferramenta é disponibilizada no formato de aplicativo, versão *web* e extensão em navegadores. Dessa forma, a elaboração de um *post* se torna mais rápida a cada conteúdo relevante que o usuário encontra. Existe o plano gratuito, em que você gerencia até três redes sociais, bem como os planos pagos que permitem o gerenciamento de até 150 redes sociais por conta.

Outra ferramenta é a **Agora Pulse**, cuja plataforma é paga. Essa ferramenta permite às agências de marketing digital ou empresas que trabalham com esse tipo de serviço gerenciar as mensagens em mídias sociais. Além disso, é possível agendar e publicar conteúdos, identificar os principais influenciadores e monitorar canais.

A terceira ferramenta e que se tornou bastante popular é a **MLabs**. Ela é capaz de fornecer atividades de agendamento, publicar *stories*, responder a comentários no feed. Na rede social do *Facebook*, é possível responder às mensagens diretas, assim como aos *directs* do Instagram. Uma das características positivas é que a ferramenta consegue ter acesso a outras métricas e acompanhar o que o concorrente está postando nas redes.

Por fim, apresentamos a **Sprout Social**. Ela é uma interface que também gerencia várias redes sociais ao mesmo tempo, mas acaba reunindo diversos recursos, o que facilita a organização das informações estatísticas pela web. Esses são somente alguns exemplos de ferramentas que podem auxiliar no gerenciamento de contas no digital. É importante ter em mente que o gerenciamento envolve diversas etapas e que vai além de realizar publicações. Todas essas ações devem ser realizadas pensando em estratégias aplicáveis à realidade e à expectativa do cliente contratado.

Exemplificando

Como vimos até aqui, o **gerenciamento e atendimento de contas** depende de uma série de ações para alcançar o objetivo final: conquistar clientes, fidelizá-los e aumentar a visibilidade e popularidade das empresas na internet.

Uma empresa que consegue fazer isso de maneira diferenciada é a **Netflix**. Existe um gerenciamento e uma coordenação bem efetuados nas redes, de modo que a empresa está presente em várias plataformas que, provavelmente, contam com o uso de ferramentas do tipo, como as já citadas aqui. Umas das formas de conquistar os consumidores nas redes sociais é fazer com que eles se sintam parte do processo.

Não somente a Netflix, mas também diversas empresas e as próprias agências de publicidade contratadas executam esse tipo de trabalho. O gerenciamento de contas pode ser realizado tanto de maneira individual – uma única pessoa gerenciando várias redes nas ferramentas – quanto coletiva. Monitorar o que você faz em cada um desses locais é um meio pelo qual os perfis podem alcançar o principal objetivo, que, nesse caso, é atrair mais clientes para o negócio.

O que é?

Gestão de captação e prospecção de clientes: Prática que ocorre em pequenas e grandes agências de publicidade. É importante para o crescimento das empresas no mercado de trabalho.

Agências de publicidade do futuro: Debate amplo e que não tem uma conceituação específica. O que existe, na verdade, são ideias de agências que vão integrar diversas estratégias e usos da tecnologia, realidade virtual e outros recursos disponíveis no mercado.

Copywriting: Técnica empregada na redação de textos persuasivos, podendo levar o leitor, ou a audiência em geral, a consumir e comprar o produto.

Redação publicitária: Técnica responsável por conceituar campanhas de divulgação – e, claro, um dos pilares disso é a publicidade. É importante estar ciente de que a redação publicitária não se limita à produção de textos, mas abrange todo o processo criativo de atividades da comunicação.

Marketing de conteúdo: Considerada uma estratégia para atrair clientes com a criação de conteúdos.

Todos esses conceitos – prospecção de clientes, agências de publicidade do futuro, *copywriting*, redação publicitária e marketing de conteúdo – fazem parte de ações diárias do campo da publicidade. Alguns são mais fáceis e imediatos de serem observados, como é o caso dos profissionais que executam funções no ambiente de trabalho. Por outro lado, ainda é lento o processo de diagnóstico da evolução das agências para o futuro.

Além da escassez de uma literatura voltada para o assunto, o futuro da publicidade está permeado de desafios e de oportunidades para os profissionais que pesquisam e investem em tecnologias, como a automação, por exemplo. São tendências que estão transformando o mercado.

Exercício resolvido

Funcionários de uma agência de publicidade recém-criada em Belo Horizonte elaboraram um planejamento e estratégias para atender seus clientes. Em razão da diversidade, talvez eles não utilizem as mesmas redes sociais para todos os perfis, por entenderem que existem demandas diferentes para cada público. Nos últimos dias, o grande desafio tem sido realizar o gerenciamento de contas e a distribuição de tarefas entre os profissionais. Assinale a alternativa que contempla a possível resolução do problema.

a) A agência conta apenas com um profissional de atendimento, um de planejamento e um de mídia. Em virtude do número reduzido de funcionários, cada um deles ficará com uma quantidade de clientes, tendo de realizar o gerenciamento das contas.

b) A ideia é que ocorra uma reunião de planejamento entre os responsáveis pelo gerenciamento das contas: um *copywriter*, que fica encarregado pelos textos, o designer e a equipe de direção de arte e outros funcionários que se envolvam no processo.

c) É importante realizar uma reunião para definir que o gerenciamento de contas seja de responsabilidade exclusiva de uma única pessoa. Após essa divisão, o trabalho já pode ser iniciado.

d) O gerenciamento de contas, para ser bem realizado, necessita de um profissional como o atendimento publicitário, que realize planejamento e demissão de funcionários.

Gabarito: B

Feedback **do exercício**: O ideal é que cada profissional fique responsável pelo seu setor, logo, funções como atendimento, planejamento e mídia devem ficar encarregados de trabalhos que não sejam necessariamente o gerenciamento das contas. Realizar uma reunião para delegar essa função para uma única pessoa talvez não seja a melhor alternativa, pois isso pode sobrecarregar o profissional, além de ser necessário analisar o perfil do profissional e se ele tem condições reais de assumir tal vaga. Na ocasião, vale explicar que o atendimento publicitário é o responsável e o mediador entre a agência e o cliente, além de se comprometer com a análise do *briefing*, sendo, por isso, diferente do gerenciamento de contas.

De modo geral, muitas agências de publicidade buscam identificar como melhorar seu desempenho, e uma dessas formas é lançando questionamentos a fim de aprimorar os resultados. Algumas agências de publicidade e propaganda de Porto Alegre, no Rio Grande do Sul, realizaram essa tarefa.

Em um grupo de agências da cidade, buscaram compreender quais as estratégias encontradas e utilizadas nessas equipes para ajustar e melhorar os processos de atendimento e planejamento. Como sabemos, as agências têm diversos cargos, além das áreas de criação, mídia, produção gráfica etc.

Evitar o retrabalho de um profissional deve ser um objetivo dentro de uma agência, fazendo com que não se perca tempo na execução de uma tarefa. Geralmente, o indicado é que o primeiro contato seja feito com muita cautela. O mercado tem conhecimento disso e oferece cursos e melhores métodos para contribuir nessa etapa, como resposta à sua importância. A primeira impressão e o uso correto de palavras e gestos podem ser a chave para que o cliente assine um contrato e o recomende para uma empresa no futuro.

> O mercado tem exigido cada vez mais competências dos profissionais. Seja mais experiência, habilidades ou conhecimentos específicos num campo de atuação. Para o profissional da publicidade não é diferente, as agências de publicidade e propaganda, ou empresas de comunicação em geral, precisam de profissionais altamente qualificados, pois o atendimento está focado no cliente e outras atividades desempenhadas também visam um resultado ao cliente. A satisfação buscando a retenção é o objetivo, é o que faz a engrenagem da agência continuar funcionando. (Martins, 2002)

Todas essas informações só reforçam que milhares de pessoas, hoje em dia, não apenas estão conectadas diariamente no mundo virtual, mas também já percebem que é necessária uma série de exigências e habilidades para realizar tarefas no campo publicitário. A preferência de muitos também é o smartphone, com informações na palma das mãos.

O contexto contemporâneo confirma que o novo modelo de consumidor já pesquisa previamente na internet sobre os produtos e serviços que desejar consumir. Consequentemente, o marketing digital vem se destacando como estratégia essencial para as empresas que almejam ter sucesso na publicidade *on-line,* a fim de expandir a divulgação e fortalecer a marca.

Além do marketing digital, outros campos de atuação, como redator publicitário e *copywriter*, estão em ascensão, embora ainda em processo de descoberta por parte das agências. Diante disso, estratégias aplicadas no dia a dia da organização para atrair e captar o público-alvo são essenciais para sua eficácia.

A exposição desses elementos apresenta características importantes e que as empresas devem preservar na internet, o que pode ser um diferencial de competividade no mercado. Todas essas características, como o engajamento com o público-alvo, a construção da marca, a interação e o fortalecimento dos clientes, coloca as empresas em posição de destaque quando comparadas aos concorrentes.

Fica evidente que empresários e empreendedores que almejam crescimento e potencialização de seus negócios devem estar atentos à prospecção de clientes e ao fortalecimento de suas marcas, bem como ao fato de que esse serviço, em geral, é procurado nas agências de publicidade.

Isso também reforça a relevância e eficiência das estratégias de comunicação, que fornecem conteúdos em níveis otimizadores para os clientes. No campo do digital, os *sites* e as redes sociais abrem espaços e oportunidades para que as empresas se comuniquem, criem e divulguem seus serviços, estabelecendo um relacionamento.

Sobre as campanhas publicitárias, é nelas que se percebe a importância de existir um planejamento estratégico. No documento, já haverá informações prévias sobre as pesquisas de mercado e o produto a ser lançado, até porque, antes de se lançar o produto, toda a estratégia já deve estar fundamentada.

Os anúncios – itens que também fazem parte do processo de vendas – devem ser segmentados de acordo com o respectivo público, a fim de aumentar a eficácia da contratação do serviço. As empresas estão investindo nesses modos de captar usuários e clientes para que seus produtos cheguem às pessoas certas e que buscam produtos iguais ou semelhantes.

Percebemos que essa é uma forma de melhorar, constantemente o crescimento e os lucros da empresa. Essas são apenas algumas das tendências que prometem ditar cada vez mais o mercado publicitário.

Exercício resolvido

Uma das etapas mais importantes na construção de um planejamento estratégico, seja na publicidade, seja no marketing digital, é a busca por referências, escritas ou imagéticas. Pensando nisso, separamos alguns exemplos de casos de empresas de diversas localidades. Selecione a opção em que você acredita ter sido aplicada à prática do marketing digital e cuja campanha obteve sucesso.

  a) Vista Sou: Loja *on-line* de roupas que tem como público-alvo a juventude feminina. Investe em elementos mais retrô e, ao mesmo tempo, em peças versáteis e descoladas.

b) Lojas Importados: Loja de bairro cujas redes sociais são gerenciadas pelo próprio vendedor, que é responsável por atender clientes, fazer pagamentos e gerenciar as contas virtuais.
c) Airbnb: Empresa americana de mercado *on-line* de aluguel por temporada com sede em San Francisco, na Califórnia. A empresa Airbnb oferece arranjos de hospedagem, principalmente casas de família, ou experiências coletivas.
d) Céu Rosado: Camiseteria *on-line* criada em 2020. Vende camisetas, quimonos e, atualmente, está investindo em novos tecidos para confecção de pijamas.

Gabarito: C

***Feedback* do exercício**: As grandes marcas estão cada vez mais envolvidas em questões sociais e suas campanhas são exemplos de marketing digital impactante e que gera maior engajamento. A *Airbnb* lançou uma campanha logo após a proibição do ex-presidente estadunidense Donald Trump à entrada de refugiados e imigrantes de países muçulmanos nos Estados Unidos. Na época, a empresa posicionava-se contra o ex-presidente Trump com uma propaganda de alto impacto. As outras empresas existem e estão localizadas em páginas da internet. No entanto, não têm um planejamento nem um posicionamento que impacte globalmente. Além de um conteúdo estruturado, grandes marcas têm se ocupado de planejar e produzir conteúdo de relevância.

Na prática, as estratégias de planejamento são importantes para resultados posteriores. Com essas estratégias, é possível atingir a prospecção de clientes. Além do mais, estratégias para a publicidade e para o marketing devem estar contidas na realidade futurista das agências de publicidade.

Atualmente, não há como pensar em produzir conteúdos e vender produtos e serviços sem um planejamento eficaz, tampouco seguindo os métodos antigos e tradicionais que eram aplicados nas agências. A técnica do *copywriting* tem uma proposta inovadora na escrita persuasiva, uma vez que escolhe e seleciona as palavras corretas, que indicam comandos de ação, de conversão e de vendas.

Síntese

- Prospecção de clientes: Há diversas técnicas responsáveis pela conquista de novos clientes. É preciso sempre tornar de fácil compreensão o que você vende, ser um profissional proativo e não acreditar em fórmulas mágicas. Lembre-se: cada agência tem sua vivência, e você precisa testar quais opções podem oferecer o retorno esperado.
- Agências de publicidade do futuro: Sobre as agências de publicidade do futuro, embora o campo seja ainda muito recente, espera-se uma produção publicitária permeada pela comunicação e pela tecnologia.
- *Copywriting*: Também conhecida como *escrita persuasiva*, na prática, é um tipo de redação que busca influenciar e persuadir o público-alvo. Nesse tipo de texto, é comum o uso de gatilhos mentais para gerar impacto no processo de decisão do consumidor.

- Redação publicitária: Está presente desde o processo criativo até os resultados finais de uma campanha publicitária. É considerada essencial para qualquer empresa do ramo.
- Marketing de conteúdo: É responsável pelo engajamento da persona mediante utilização de técnicas. Nesse tipo de marketing existe um funil de vendas.
- Gerenciamento de redes sociais: É um conjunto de ações que organizam e aperfeiçoam as ferramentas de comunicação selecionadas para uso. O bom gerenciamento se prepara para atender o público de acordo com as peculiaridades de cada plataforma.

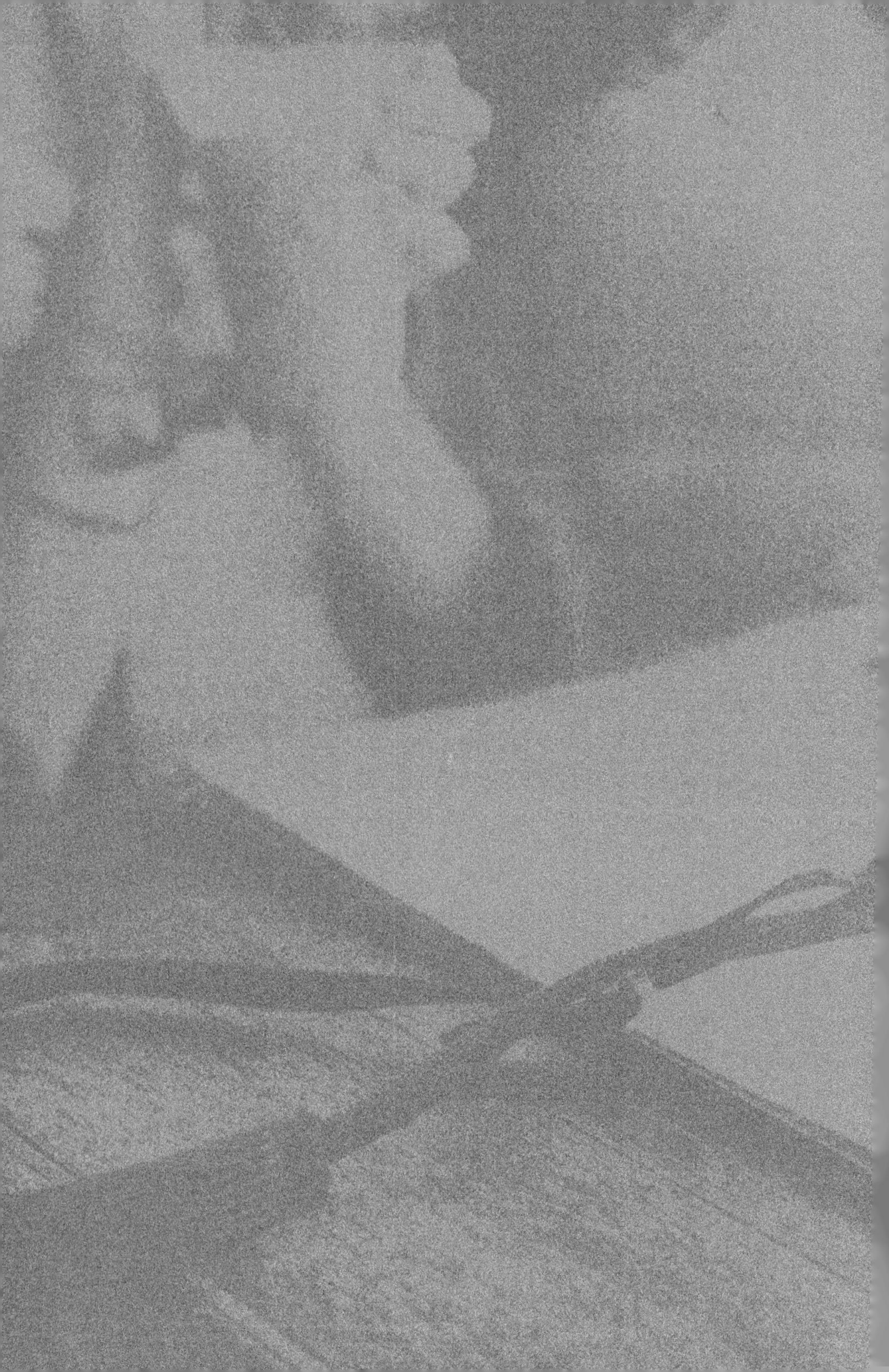

3
Modelos de relacionamento e remuneração na comunicação publicitária

Conteúdos do capítulo

- Relacionamento com clientes, parceiros e equipe.
- *Crowdsourcing*.
- Cultura participativa.
- Marketing de relacionamento.
- *Inbound* marketing.
- *Outbound* marketing.

Após o estudo deste capítulo, você será capaz de:

1. compreender as formas de relacionamento entre agência e clientes;
2. defenir *crowdsourcing* e reconhecer como as empresas se apropriam do conceito;
3. praticar o marketing de conteúdo nos negócios;
4. aplicar o *inbound* e o *outbound* marketing.

A partir de agora, discorreremos sobre a importância do relacionamento com clientes, parceiros e equipe publicitária. Além disso, adentraremos no campo do marketing de relacionamento e evidenciaremos como esse conceito está relacionado à comunicação, bem como as formas de se relacionar entre os grupos mencionados. Em seguida, abordaremos a remuneração de serviços na comunicação.

É chegado o momento de discutirmos os tipos de relacionamento entre clientes, parceiros e agências de publicidade. Como essas relações se desenvolvem? O que as sustentam e quais são as estratégias utilizadas? Vamos explorar as perspectivas de alguns autores sobre o tema.

Um dos termos relacionados a esse assunto é o *crowdsourcing*, considerado uma ferramenta estratégica de relacionamento entre o cliente e a marca. Também a expressão *cultura participativa* se refere a essas novas formas de comportamento que possibilitam mais participação do usuário na internet.

À luz da temática das formas de relacionamento e da publicidade, esses conceitos podem ajudar na compreensão dos novos tipos de comportamento que estão surgindo e como o mercado tem lidado com essas transformações. Além disso, a remuneração de serviços da comunicação é outra importante pauta e que sempre deixou dúvidas ao público interessado: "Qual o valor justo?"; "O que merece ser pago?"; "Como colocar o meu preço no mercado?".

São perguntas que certamente você já ouviu e não encontrou o consenso para as respostas. Então, a seguir, vamos refletir sobre esses temas.

3.1
O relacionamento entre agências e clientes

Para que a comunicação entre clientes, parceiros e equipe publicitária funcione, é preciso adotar estratégias para a divulgação de produtos e serviços. Alguns instrumentos são utilizados como base e planejamento estratégico para alcançar resultado e eficiência no trabalho.

Diante disso, materiais escritos começaram a circular para que fossem utilizados como guia, de modo que empresários e funcionários extraíssem a maior quantidade de benefícios possíveis e convertessem isso em prospecção de clientes e fortalecimento dessas relações.

No capítulo anterior, ressaltamos que os clientes deixaram de ser passivos e se tornaram mais exigentes. A tendência desses clientes é cada vez mais buscar informações sobre os produtos e serviços desejados. Isso, é claro, aumentou a responsabilidade dos vendedores, dos proprietários de estabelecimentos e de quem gerencia as redes sociais, exigindo um conhecimento aprofundado do que se vende.

Inicialmente, vamos compreender o termo *relacionamento*. Ele foi utilizado por Halinen (1997) para descrever o padrão de interações e o condicionamento mútuo de comportamentos, ao longo do tempo, entre as empresas e os clientes. Cada relacionamento é único: no conteúdo, na dinâmica e no crescimento. Os relacionamentos são compostos por diferentes períodos de tempo e duração.

Uma diferença básica entre o marketing de relacionamento e a prospecção de clientes é que o primeiro dedica-se a fidelizar os clientes, isto é, conhecê-los, ouvi-los, comunicar-se com eles e reconhecer suas necessidades para a fidelidade. A prospecção, por sua vez, busca a conquista de novos clientes, investindo no crescimento e na arrecadação da empresa.

Consequentemente, isso leva ao seguinte pensamento: as situações e as circunstâncias que acontecem entre a empresa e o cliente podem desencadear outras dinâmicas no futuro. Por exemplo: o bom relacionamento entre ambos os lados pode gerar indicações, prolongamento de trabalhos em conjunto, surgimento de novos serviços, novas contratações de profissionais etc.

Entretanto, para que esses objetivos sejam atendidos, eles precisam estar bem definidos. A publicidade assumiu diferentes funções ao longo do tempo e, atualmente, ela tem se reconfigurado conforme as exigências do mercado. Portanto, é indispensável diferenciar essas perspectivas e saber quando utilizar cada uma delas. A seguir, abordaremos os relacionamentos e suas aproximações com a publicidade.

Algumas obras, como a de Cipriani (2013), buscam apresentar maneiras de utilizar a *blogosfera* para fortalecer as relações entre empresários e clientes. De imediato, na introdução, o autor recorda que o comportamento das empresas também mudou, uma vez que, no passado, as empresas apenas solicitavam aos seus clientes que consumissem o produto. Agora, é o momento em que os clientes se tornam ativos no processo de criação de um produto.

Algumas empresas já estão fazendo isso. A Kodak, no início de 2006, lançou em seu website internacional uma campanha de marketing que convidava os clientes para a criação de um comercial com suas fotografias preferidas. A primeira tela apresentava a seguinte frase: "Finalmente um comercial que vale a pena compartilhar. O seu". (Cipriani, 2013, p. 15)

Muitas outras empresas começaram a investir nessa maneira de se relacionar com o cliente oferecendo autonomia e participação no processo. Todas essas mudanças, desde a evolução da informática aos meios de comunicação e outros processos que se desenvolveram em torno da internet, impactaram a sociedade atual. Essa mudança de comportamento é o que Jenkins (2011) chama de **cultura participativa**.

De acordo com o autor, a cultura participativa traz uma nova maneira de analisar essas formas de interagir, e essas trocas de informações instigam a participação do usuário na internet: "Em vez de falar sobre produtores e consumidores de mídia como ocupantes de papéis separados podem agora considerá-los como participantes interagindo de acordo com um novo conjunto de regras" (Jenkins, 2011, p. 30).

Embora não seja nosso objeto de estudo, vale destacar que é nesse campo da comunicação que surgem os atores e os influenciadores de opinião na internet. É no contexto da cultura participativa narrada por Jenkins (2011) que os usuários começaram a produzir conteúdo ativamente, criando comunidades, crescendo e influenciando pessoas a consumirem produtos, serviços e marcas.

Exemplificando

O conceito de cultura participativa de Henry Jenkins (2011) pode ser notado em diversos espaços digitais. Os seriados de televisão, por exemplo, conseguem atrair uma legião de fãs, que se organizam criando grupos, vídeos, *memes* e outros conteúdos relacionados. Na prática, esses consumidores se tornam produtores de conteúdos, leitores e expectadores do assunto.

Em meio a essas evoluções, também se destaca o termo **crowdsourcing**, que passa a ser utilizado para explicar maneiras eficientes do comportamento social coletivo. Esse modelo de colaboração compartilhada é uma prática bastante utilizada pelas campanhas publicitárias, pois abrange e permite que o consumidor seja motivado por múltiplas ideias. Combinar uma estratégia de marketing com o conceito de *crowdsourcing* é uma maneira de se relacionar direto com o consumidor, obter engajamento e relevância e, principalmente, produzir produtos e serviços de acordo com interesse dele. Em um estudo de caso, Souza e Crispino (2012) analisaram o modelo do *crowdsourcing* como uma ferramenta estratégica de relacionamento entre o cliente e a marca.

Para as autoras, esse novo tipo de modelo estimula "novo comportamento social coletivo, no qual as pessoas se reúnem para executar tarefas, em sua grande maioria sem qualquer remuneração, apenas pelo prazer de colaborar" (Souza; Crispino, 2012, p. 5). Com isso, constatamos que o *crowdsourcing* propicia que qualquer pessoa produza um conteúdo, o que pode ajudar no aperfeiçoamento do produto ou do serviço.

Apesar dessa tendência, não são todas as empresas que estão abertas a essas formas de colaboração. É fato que o mercado está sofrendo transformações, no entanto, nem todas as empresas se adaptam a essa realidade. No entanto, acreditamos que as empresas que aceitam esse engajamento, certamente, podem lucrar e obter vantagens por meio desse processo de produção colaborativa.

De maneira prática, ainda são vistas empresas que sequer estão presentes no mundo *on-line*, o que é prejudicial para sua visibilidade e para a prospecção de novos clientes.
As redes sociais se tornaram mídias potentes no segmento das pequenas, médias e grandes marcas. Não estar visível, inclusive, dificulta a manutenção de relacionamento com os clientes já existentes.

Além de um trabalho colaborativo, a internet proporcionou o acesso às plataformas digitais. Não somente os profissionais que trabalham com essas ferramentas, mas também os usuários comuns podem acessar, produzir e compartilhar conteúdos, seja para entreter, seja para contribuir com a notícia. Exemplo disso são os telejornais, que recebem fotos, por vezes, registradas dos telespectadores em determina situação. Isso demonstra a participação do telespectador, que se torna agente e produtor da notícia a partir da democratização das ferramentas.

As formas de colaboração no mundo *on-line* se expandiram a tal ponto que pessoas começaram a se organizar e a publicar conteúdos de acesso público sobre diversos assuntos.
Citamos como exemplo a plataforma da Wikipédia, cujo site é usado pelas pessoas para se informar e informar os outros.

Figura 3.1 Plataforma *on-line* Wikipédia

Além da Wikipédia, outros *sites* também trabalham com a proposta de usuários deixarem suas opiniões sobre produtos e serviços, fortalecendo a participação de usuários e a confiança deles nesses produtos. Na internet, os relacionamentos passam a se consolidar quando se gera uma autoridade sobre o assunto, seja de especialistas, seja de pessoas comuns que testaram e aprovaram (ou não) determinado produto.

Os *sites* do Submarino e da Amazon abrem espécies de fórum em que os usuários relatam suas experiências de compra. Além de detalharem o processo de compra, facilidades e dificuldades, eles avaliam com estrelas toda a experiência.

Cipriani (2013) afirma que os *websites* e *blogs* podem ser ferramentas estratégicas para o fortalecimento desses laços virtuais. Essas formas de comunicação de usuários e clientes na internet possibilitam, inclusive, a criação de novos produtos que atendam às necessidades desses consumidores.

Essas redes de relacionamento no campo virtual devem estar sob o campo de visão dos profissionais publicitários. Projetos, ideias e pautas podem surgir desses espaços, e é fundamental estar presente neles, visto que contemplam, cada vez mais, o futuro das novas gerações.

Nos ambientes digitais e nos contatos presenciais, as agências e os clientes precisam falar a mesma língua, isto é, trabalhar com uma comunicação eficiente, cuja linguagem seja clara e acessível para ambos. Faz parte do papel da agência ouvir o cliente, bem como conscientizá-lo sobre as estratégias que podem ser adotadas, eventuais alterações e demais informações de todo o processo.

De outro lado, o cliente precisa apresentar as informações sobre o que deseja para seu negócio, enfatizando o que espera do trabalho de uma agência. Apesar de a agência utilizar termos técnicos e que fazem parte do mundo publicitário, durante o diálogo com o cliente, talvez seja interessante evitá-los. Usar excessivamente um vocabulário rebuscado pode dificultar a compreensão. Assim, certas terminologias podem ficar para a elaboração de contratos.

Há quem acredite que agradar o cliente é uma maneira de manter a relação entre a agência de publicidade e o cliente. O que fica evidente é que a boa relação entre esses dois lados é fundamental para o sucesso tanto do trabalho publicitário quanto do crescimento do cliente. Seja no virtual, seja no real, esses relacionamentos devem passar por avaliações, verificando se correspondem às particularidades de cada um.

Junto a essas características, destacamos a transparência e a clareza nas propostas. Há empresas que fazem propostas fascinantes aos seus clientes e, no desenrolar desse relacionamento estabelecido, não cumprem com o combinado. Isso é desfavorável para a relação, e ser desmentido pelos contratantes é uma experiência não recomendada nos manuais de boas práticas dos publicitários. A propósito, vale relembrar que, ao mesmo tempo em que a internet pode ser favorável nessas situações, ela pode servir de palco para a propagação de uma mentira contada, um atendimento ruim, um preconceito etc. As empresas devem estar atentas a isso.

Figura 3.2 Relação entre agência e cliente

sebra/Shutterstock

Nesse relacionamento, ainda, recomendamos oferecer um serviço personalizado e manter um contato frequente. Essas duas características se justificam porque as soluções devem surgir de acordo com a demanda individual do cliente e, como sabemos, ela difere de uma realidade para outra.

No caso do contato frequente, isso acontece em razão da própria rotatividade das demandas cotidianas.

É no contato frequente que o relacionamento vai elevando a confiança e que ambas as partes se sentem mais confortáveis para emitir opiniões e críticas. Lembre-se sempre: se o cliente busca uma agência é porque ele tem um problema ou uma demanda e acredita no potencial da agência em resolvê-lo. É nesse estreitamento de relação que encontramos o marketing de relacionamento, que será discutido a seguir.

3.2
Marketing de relacionamento

Antes abordarmos o marketing de relacionamento, julgamos necessário conhecer alguns conceitos sobre o marketing em geral. Diversos são os autores que tratam do marketing de modo atrelado às noções do campo corporativo.

Para Shimp (2002, p. 31), "marketing é o conjunto de atividades através das quais as empresas e outras organizações criam transferência de valor (trocas) entre elas próprias e seus clientes". Dessa concepção, extrai-se uma função empresarial em que o cliente vai buscar vantagens após aplicar as estratégias de marketing em sua empresa.

Outros autores, como Kotler e Armstrong (1999), enxergam no marketing um processo social e gerencial, cuja prática está ligada a grupos e sujeitos que obtêm o que desejam por meio da utilização de produtos e valores.

Com isso, podemos entender que o marketing é um processo que possibilita que sujeitos adquiram produtos e serviços que visam à satisfação pessoal de clientes mediante processos de trocas. O papel do marketing é, portanto, satisfazer os consumidores por meio de produtos, bens ou serviços.

O marketing é o tipo de estratégia que muitas empresas já utilizaram (e utilizam) para atrair mais clientes, ganhar destaque no mercado de trabalho e fazer com que seus produtos sejam cada vez mais desejados e consumidos. É no marketing também que os profissionais buscam posicionamento no mercado e o formato exato para a entrega de valor aos seus clientes.

A antiga e saturada forma de se relacionar com clientes fez com que o marketing investisse em outra modalidade, que é o marketing de relacionamento. Atualmente, o investimento em uma abordagem mais centrada no cliente permite satisfazer os desejos e a necessidade individualizada, que, por sua vez, recebe a aprovação do cliente.

Hanson (2005) discorre sobre o marketing de relacionamento, explicando seus benefícios, que, em sua percepção, têm como objetivo a lealdade do cliente. Apesar disso, o relacionamento com os clientes é algo a ser construído ao longo do tempo, descartando a possibilidade daqueles que esperam resultados imediatos.

> O marketing de relacionamento torna-se importante à medida que as empresas se dão conta que conquistar novos clientes custa muito mais caro do que manter clientes já existentes. Entre os benefícios do marketing de relacionamento que podem ser demonstrados contabilmente, têm-se: - redução nos custos de aquisição de novos clientes (pela busca direta por aqueles cujo perfil seja semelhante ao dos clientes atuais); - aumento na quantidade de clientes (pela melhoria no processo de aquisição,

pelo aumento na retenção dos atuais e pela indicação de novos clientes por aqueles que estão satisfeitos); - maior lucratividade por cliente (pelo aumento das vendas por indivíduo – incrementando-se o volume e a frequência de compra –, pelo incremento no tempo de relacionamento ou ciclo de vida do cliente e no seu valor ao longo dele [LTV], pela redução do custo de venda e pela redução do custo de suporte ao cliente). (Hanson, 2005, p. 941)

Essa prática do marketing de relacionamento é utilizada pelas agências de publicidade. Ela surge com o intuito de manter e construir relacionamentos, o que acaba influenciando a intenção de compra de produtos e serviços. Essa análise faz reconhecer que as empresas precisam elaborar estratégias de comunicação, utilizando uma linguagem informativa e persuasiva.

O trabalho de Seta, Mainardes e Silva (2016) abordou justamente este segmento: o de compreender as ações de relacionamento que os gestores de agências de publicidade e propaganda utilizam com seus clientes. Eles conversaram com funcionários que ocupam cargos de gestão no Estado do Espírito Santo.

Entre os dados coletados, 70% dos gestores estimam que as agências têm entre 6 e 20 clientes. Essas agências pesquisadas reconhecem a importância do marketing de relacionamento, mas, na concepção dos autores, trata-se de uma visão ainda limitada:

> o Marketing de Relacionamento é, segundo os respondentes, formado somente pelo Atendimento [...] praticar MR é preocupar-se em atender as demandas dos clientes e dar voz a eles, uma visão muito estreita do MR. (Seta; Mainardes; Silva, 2016, p. 293)

O marketing de relacionamento também é discutido no segmento das redes sociais. O vídeo indicado a seguir apresenta algumas dicas e estratégias aplicadas aos negócios, isto é, práticas para vender mais.

Para saber mais

No vídeo *Marketing de relacionamento com Paula Abreu, referência em desenvolvimento pessoal | Fire 2017*, Paula Abreu fala sobre a importância das *lives* para seu negócio e de como elas podem ser uma ótima ferramenta de relacionamento. A profissional apresenta a estratégia das *lives* como forma de se comunicar com o público desejado. O vídeo está disponível em: <https://www.youtube.com/watch?v=PIV-XLrYlxA>.

A esse respeito, há autores que apostam na internet como ferramenta de marketing de relacionamento nas agências de comunicação. É o que escreveram Schleder e Silva (2010) sobre o assunto. As autoras acreditam que a internet transformou a sociedade no contexto de comunicação e, por isso, buscaram mapear o uso dessa ferramenta de relacionamento utilizada pelas agências de Santa Maria, no Rio Grande do Sul.

No trabalho, elas expõem que a internet pode ser utilizada como forma de se relacionar com os públicos interno e externo. E que isso pode acontecer de diversas maneiras: "propaganda na web, web site da empresa, mala direta para os funcionários e público-alvo, softwares, assim como serviço de atendimento ao consumidor e de relacionamento com os funcionários" (Schleder; Silva, 2010, p. 2).

Reiteramos que, para ampliar e fortalecer essas redes de relacionamento, é importante que as empresas e as agências de comunicação conheçam seu público-alvo, o que pode vir a ser um diferencial competitivo: "quando se fala em marketing de relacionamento, não se pensa nas relações com os clientes da empresa a curto prazo, mas a um complexo de características e estratégias a logo prazo, que gerem benefícios para os dois lados (Schleder; Silva, 2010, p. 9).

É no marketing de relacionamento que as empresas têm buscado investir, já que muitas delas vendem os mesmos produtos e, por vezes, adotam as mesmas estratégias. Esse conjunto de ações tomadas pelas empresas deve oferecer benefícios que sejam convincentes para seus clientes. "O que torna sua empresa diferente das outras?", "Por que o cliente deveria contratar sua empresa, e não as outras?". Procure responder essas perguntas.

Já que discutimos o assunto de marketing de relacionamento na perspectiva de teorias e reflexões, elaboramos um exercício de fixação para que você possa visualizar uma situação prática.

Exercício resolvido

Como você percebeu, o marketing de relacionamento busca fidelizar o cliente, e não necessariamente conquistar novos – o que é característica da prospecção de clientes, já estudada aqui. Existem diversas ferramentas que podem auxiliar no trabalho de marketing de relacionamento ao cliente. Assinale a alternativa que **não** faz parte da proposta de fidelização de clientes.

a) A criação de um banco de dados sobre o cliente. A sugestão é que esse banco de dados seja utilizado sempre que necessário para a construção da marca.
b) Eventos que sejam centrados nos desejos do cliente. Além desse tipo de eventos, um planejamento estratégico que corresponda ao público-alvo.
c) A compra de *mailing list* – lista de e-mails que permite a comunicação de informações a vários usuários da internet –, aumentando o banco de dados do cliente.
d) A realização de pesquisas formais e informais. Elas ajudam a reconhecer o público, os desejos, as satisfações e as reclamações dos respondentes.

Gabarito: C

***Feedback* do exercício**: O *mailing list* pode ser construído ao longo do tempo, assim como é feito com o relacionamento entre agência e cliente. O imediatismo não faz parte do que propõe o marketing de relacionamento. Por isso, a terceira alternativa não corresponde ao marketing de relacionamento e suas ferramentas, fugindo do aconselhado para a construção desse tipo de marketing.

Escolher a agência ideal conforme o perfil do cliente pode parecer uma tarefa difícil. No entanto, a partir do momento em que o cliente tem o mínimo de conhecimento sobre o marketing de relacionamento, as ferramentas utilizadas e, sobretudo, como acontece esse relacionamento entre empresa e cliente, esses fatores ajudam no poder de decisão.

Manter o relacionamento com clientes, desde sempre, é uma das tarefas cruciais da publicidade. Martins (2017, p. 9) entende que "é fundamental compreender os fatores influenciadores do comportamento de compra dos serviços das agências, de modo a fomentar e estabilizar a relação tradicional cliente-agência".

A ideia da autora é apresentar o desenvolvimento dos relacionamentos entre as agências de publicidade e seus clientes. No texto, ela afirma que existem vários estudos que investigam as causas de continuidade e de dissolução desses relacionamentos, chegando a nomeá-las e analisá-las individualmente.

Algumas observações consideram que a permanência do relacionamento depende do serviço prestado. Por outro lado, a insatisfação com vários aspectos do desempenho da agência também pode ser motivo para o fim desse relacionamento entre as partes. Essas informações divergem, pois é particular a experiência de cada empresa com uma agência de publicidade.

Ainda sobre os relacionamentos, a figura do publicitário pode provocar influência quando ele utiliza determinadas ferramentas e instrumentos. No caso das campanhas eleitorais, o publicitário deve realizar uma série de estudos e pesquisas antecedendo o início do trabalho.

Para saber mais

Outro filme recomendado aos publicitários é *No*. A figura do publicitário ganha destaque no filme. O profissional é responsável por uma campanha política e precisa ser ousado e convencer o povo a acabar com o regime militar no Chile. O filme pode ajudar a refletir sobre a influência do profissional na sociedade.

Para além do relacionamento entre as agências físicas e os clientes, existem as agências digitais. Em determinados casos, isso traz limitações e dificuldades, o que exige do publicitário a habilidade de conduzir a situação. Visando contornar os problemas, ambos os lados precisam primar pela parceria.

Na percepção de Gordon (1999), o marketing de relacionamento determina que a empresa faça seu planejamento e alinhe seus processos de negócios, suas comunicações, sua tecnologia e seu pessoal a fim de manter ou obter o que o cliente almeja, que é justamente a parceria citada anteriormente.

A Associação Brasileira de Anunciantes (ABA) publicou um guia de relacionamento entre agências de publicidade e clientes. De acordo com o documento, a ideia é que o guia seja um caminho para um relacionamento saudável e produtivo entre ambas as partes. A ABA estabelece três pilares para essa relação: "regras claras para aspectos comerciais e operacionais acordadas por ambas as partes; mútuo conhecimento de potencialidades e oportunidades; e fluidez no compartilhamento de informações de mercado" (ABA, 2019, p. 5).

Figura 3.3 Marketing de relacionamento

O campo dos serviços bancários tem crescido aceleradamente, e a quantidade de serviços também tem aumentado. Nesse cenário de mudanças, evolução e competitividade, manter os clientes é fundamental para os negócios. Um estudo observou que os bancos têm se apoiado na ferramenta do marketing de relacionamento como elemento estratégico (Silva et al., 2014).

Os pesquisadores identificaram ações que contemplam o debate sobre o marketing de relacionamento em uma agência bancária em Vitória, no Espírito Santo, e que são utilizadas com seus clientes. Dessas avaliações, observou-se como aspecto positivo o bom atendimento, e como aspectos negativos, a falta de estacionamento, as taxas de juros e as filas (Silva et al., 2014).

O perfil de um cliente mais exigente está presente também no segmento dos serviços bancários. Em decorrência da globalização, as pessoas conseguem resolver seus pagamentos, por exemplo, por aplicativos em dispositivos móveis.

A manutenção desses serviços e a respectiva qualidade podem ser consideradas princípios do marketing de relacionamento. "Os bancos estão direcionando seus esforços para aumentar a satisfação e a lealdade dos seus clientes, pois clientes satisfeitos tendem a permanecer fiéis, mantendo um relacionamento duradouro com o banco" (Silva et al., 2014, p. 2).

Kotler (1998) destaca a importância de manter seus atuais clientes, o que possibilita fazer interpretações relacionadas ao marketing de relacionamento. Segundo o autor, a aquisição de novos clientes pode custar até cinco vezes mais do que satisfazer e reter clientes existentes.

No marketing de relacionamento, as empresas podem ser subdivididas em grupos. Para Gordon (1999), são seis grupos: tecnologia e clientes individuais; objetivos da empresa; seleção e rejeição de clientes; cadeia de relacionamentos; reavaliação dos pilares (preço, produto, praça e promoção do marketing); e utilização de gerentes de relacionamento para auxiliar as empresas a criar novos valores com outras ações.

Essas ações evidenciam que o objetivo é prezar por um relacionamento em que o cliente esteja satisfeito, com um atendimento de forma personalizada e mais eficiente. As empresas que escolhem adotar o marketing de relacionamento acabam se destacando no mercado.

Os teóricos também apontam que o uso do marketing de relacionamento acaba, de certa forma, provocando um estreitamento de laços entre a agência de publicidade e o cliente. O bom uso do marketing de relacionamento pelo profissional de atendimento favorece a retenção do cliente.

Diante dessas características, a empresa precisa ter um sistema de atendimento que cative e conquiste seu cliente, de forma que a relação seja concluída com a venda do produto ou serviço e se estenda para outras operações de vendas.

Vejamos, a seguir, uma síntese dos conceitos trabalhados até aqui.

O que é?

Cultura participativa: Termo criado por Henry Jenkins, refere-se aos novos modelos de comportamento e de produção cultural agora produzidos por comunidades. Os espectadores, que antes apenas consumiam os produtos, passam a criá-los e modificá-los, interagindo com eles.

Relacionamento com clientes: Pode ser compreendido como o contato frequente, a escuta, a comunicação clara, características que permeiam o (bom) relacionamento com o cliente.

Crowdsourcing: Modo de trabalho coletivo e colaborativo. Trata-se de um grupo de pessoas que busca criar soluções, produtos, conteúdo etc.

Marketing de relacionamento: Estratégia que auxilia na fidelização do cliente e serve para criar redes e laços contínuos com uma empresa e/ou cliente.

Dessa forma, é possível constatarmos as nuances que existem no relacionamento com o cliente e o quanto o marketing de relacionamento pode ser uma estratégia eficaz e capaz de dar resultados na área. Outro ponto importante e que pode permear a relação e o diálogo, em determinados casos, seja com o cliente, seja entre a agência e seus funcionários, é a remuneração de serviços da comunicação.

3.3
Remuneração de serviços da comunicação

Ao longo dos últimos anos, o mercado publicitário tem se movimentado financeiramente. Os investimentos em marketing, por exemplo, têm alcançado números elevados, e parte disso se deve ao fato de as empresas reconhecerem a real necessidade dos negócios. O mundo corporativo tem aprendido, paulatinamente, que os investimentos são revertidos em reconhecimento, ou seja, no valor da marca.

Essa competitividade nos negócios também faz com que as empresas sejam cautelosas e queiram estudar o mercado e onde esse investimento deve ser aplicado. Além disso, a remuneração nas agências de propaganda é outro pilar importante e que merece ser destacado. Silva (2005), em sua pesquisa, buscou responder à seguinte pergunta: Quais motivos levam anunciantes a preferir determinadas modalidades de pagamento das agências e não colocá-las em prática?

Certamente, você já percebeu que o mercado publicitário é composto pela agência, por aqueles que desejam anunciar um produto ou serviço e pelos veículos de comunicação. Acordos comerciais, valores e remuneração são importantes, mas não podemos deixar de frisar o quanto as parcerias e o relacionamento são essenciais nesse processo, aliás, podem chegar a ser determinantes:

> Neste contexto, a forma como o anunciante remunera sua agência deveria ser um ponto sólido de apoio do relacionamento entre as partes. No entanto, a realidade apontada pela principal pesquisa sobre o mercado publicitário brasileiro – o estudo Tendências do Mercado Publicitário – apresenta uma desconexão entre os formatos de remuneração utilizados pelos anunciantes e os formatos que estes mesmos anunciantes afirmam que gostariam de utilizar. (Silva, 2005, p. 17)

Com base nessa informação apontada por Silva (2005), é possível afirmar que o tema da remuneração de agências ainda é relativamente recente: "Até a década de 1980, a remuneração através da comissão de mídia e produção era considerada a única opção do mercado publicitário" (Silva, 2005, p. 17).

No Brasil, as mudanças mais significativas começaram a surgir nos anos 1990. A literatura é escassa sobre o assunto, mas um dos livros que pode ser boa fonte de pesquisa sobre a remuneração publicitária é *O futuro da propaganda*, de Joe Cappo (2003). Nele, o autor analisa as práticas dos mercados estadunidense e europeu.

No levantamento realizado por Silva (2005), a autora destaca livros, jornais e revistas especializadas que abordam, de alguma maneira, a propaganda em geral. Nesse conteúdo, são detalhadas algumas práticas do mercado e sua relação com a remuneração de agências de publicidade e propaganda. Vejamos o Quadro 3.1, a seguir.

Quadro 3.1 Remuneração publicitária brasileira

Comissão	A agência é remunerada por meio da retenção de um percentual do valor pago pelo anunciante a veículos de comunicação e outros fornecedores.
Fee anual	Valor fixado entre as partes, baseado nos custos projetados da agência para o atendimento do cliente mais um percentual de lucratividade – usualmente é pago em parcelas mensais, iguais e sucessivas.
Fee por job	Semelhante ao *fee* anual, porém referente a um projeto específico.
Fee por hora	Uma variação do *fee* anual em que, para cada profissional das diferentes áreas da agência, é determinado um valor de sua hora de trabalho e, mensalmente, é feito com o cliente um acerto de contas, demonstrando as horas gastas por cada profissional em cada projeto desenvolvido.
Success fee	Bônus pré-determinado que o cliente paga para a agência, condicionado pelo alcance de uma ou mais metas (volume de vendas, *market share*, lembrança de marca etc).

Fonte: Silva, 2005, p. 19.

A remuneração de serviços é uma parte importante do processo, pois visa garantir que o mercado conheça e valorize cada recomendação existente, compreendendo, principalmente, que o formato de remuneração de uma agência apresenta peculiaridades.

Outro tipo de pagamento bastante conhecido no mundo publicitário é o **fee mensal**. Ele é um tipo de contrato de prestação continuada estabelecida entre a agência e o cliente. Como o próprio nome já diz, o cliente vai pagar um valor mensal para que a agência possa trabalhar para ele durante determinado período.

Popularmente, as pessoas conhecem e usam contratos de seis meses a um ano. Entretanto, isso varia conforme o acordo estabelecido entre as partes. Muitas pessoas acreditam que o *fee* mensal é uma das formas de receita mais empregadas nas agências de publicidade.

Esse trabalho é formalizado, geralmente, por meio de um contrato baseado em peças. Na prática, a agência elabora um contrato no qual é fixado um pacote com um número de peças publicitárias, e o cliente deve pagar o valor estabelecido entre as partes.

De outro lado, existe o contrato baseado em horas – modalidade bastante interessante. A ideia é que seja calculado o **valor-hora** de um funcionário na agência. Esse cálculo precisa ser correto, com exatidão, para que não haja prejuízo. Em vez de se contratar o serviço, o contrato será firmado em horas. Exemplo: contrato celebrado por 40 horas mensais para um cliente específico.

Outro ponto importante e que nem todas as agências estão atentas no momento de elaborar contratos e pensar nos pagamentos e/ou remunerações são as **cláusulas de segurança**. Esse tipo de cláusula é uma forma de assegurar o financeiro da agência, o controle de caixa, evitando problemas futuro nas receitas.

O ***fee por job*** diz respeito aos trabalhos que são cobrados individualmente, ou seja, trabalho por trabalho. Nesse tipo de remuneração, o cliente faz o pagamento do valor que contemple todas as atividades envolvidas em um trabalho específico. Na prática, o valor deve ser pensado nas horas de planejamento, atendimento ao cliente, nas peças publicitárias que foram elaboradas, na comissão, caso tenham outras pessoas envolvidas no projeto.

O **success fee**, remuneração destacada na tabela, cobra um percentual à agência durante determinado período.

O *inbound* marketing – discorreremos adiante sobre esse termo – teve um crescimento significativo no Brasil e, com isso, o modelo de remuneração passou a ser um diferencial entre as agências.

Figura 3.4 Equilíbrio entre precificação e tempo de serviço

DG-Studio/Shutterstock

Esse é o tipo de modelo em que ambas as partes podem sair ganhando, também conhecido como "ganha-ganha". Essa é uma das vantagens que precisa ser apresentada imediatamente na proposta comercial ao cliente, afinal, todo cliente espera que seus resultados sejam lucrativos e aumentem a demanda.

Apesar disso, algumas pessoas consideram que esse modelo de remuneração é arriscado tanto para a agência quanto para o cliente. O ideal é atuar em conjunto com outro modelo de remuneração, por exemplo: *fee* mensal + *success fee*. Assim, você garante que ao menos o custo operacional esteja sendo suprido para colocar o projeto em andamento e, a partir dos resultados obtidos, soma seu ganho variável.

Pelas experiências no mercado de trabalho, estabelecer os valores corretos é um dos maiores desafios que as agências de publicidade enfrentam, e não é de hoje. A precificação de um serviço varia de acordo com a demanda, com o período, com o momento em que se vive. Assim, existem diversas formas de precificação, entre elas: a baseada em custos, a por peça produzida ou hora gasta na execução da tarefa, o *fee* mensal etc.

Em suma, é necessário que se conheçam todos os **formatos de remuneração de agências** para optar por um deles. E isso não só porque você precisa precificar os serviços e cobrar seus clientes, mas também porque essa definição está diretamente relacionada a outra questão indispensável para o crescimento da agência: a gestão financeira estratégica e eficaz.

Essas formas de remuneração são caminhos possíveis – mas não obrigatórios – a ser seguidos na hora de fechar seu negócio. É claro que o tipo de metodologia depende do que tanto a agência quanto o cliente almejam. Por isso, recomendamos analisar a proposta e, a partir das características, identificar o modelo ideal de remuneração no momento da precificação do serviço.

3.4
Inbound e outbound marketing

Tanto as formas de se relacionar com o cliente quanto a remuneração de serviços são preocupações de uma agência. A questão é que determinadas empresas chegam a procurar as agências visando mudar as estratégias de vendas. Em certos casos, as empresas continuam vendendo o produto com métodos tradicionais – a exemplo da distribuição de panfletos – e não conseguem alcançar novos resultados.

Nesse tipo de situação, o que pode acontecer é adotar a estratégia errada com o cliente certo. Tendo isso em vista, o *inbound* marketing vem para preencher essa lacuna: atrair os clientes e convertê-los em clientes potenciais. O investimento que um cliente faria, por exemplo, na impressão e entrega de panfletos nas ruas, pode ser empregado em um impulsionamento de anúncios nas redes sociais.

■ Para saber mais

De maneira didática, o vídeo *O que é inbound marketing? Tudo sobre a estratégia que ajuda você a vender mais!* explica o que é esse tipo de estratégia integrante do marketing. Além disso, ele traz exemplos claros de como você pode utilizá-lo em seu negócio. Você vai aprender um pouco mais sobre as cinco etapas chave do *inbound marketing*: atrair, converter, relacionar, vender e analisar. O vídeo está disponível em: <https://www.youtube.com/watch?v=XLf5yDJg06Q>.

A ligação do *inbound marketing* com o relacionamento pode ser vista a partir do momento em que você passa a oferecer um conteúdo personalizado. Isso tem o poder de induzir o potencial cliente a uma jornada de compra. É claro que, para que o usuário ou cliente permaneça analisando o produto e sinta o desejo de consumir o serviço, ele precisa estar confortável e convencido o suficiente. Por isso, o conteúdo produzido deve ser desejável, convincente e vendedor.

Perguntas & respostas

Qual é o objetivo do *inbound marketing*?

A estratégia do *inbound marketing* é buscar a atenção dos consumidores produzindo um conteúdo útil e relevante. A ideia é que o conteúdo atraia e aproxime as pessoas.

Quais são as formas de divulgar conteúdo por meio do *inbound marketing*?

Para atrair o cliente, você pode utilizar ferramentas como *blogs*, vídeos, redes sociais, eventos e outras que sejam compatíveis com o interesse do público-alvo.

Essas são algumas das dúvidas básicas sobre a aplicabilidade do *inbound marketing* nos negócios. Para converter esses usuários, o ideal é explorar a comunicação e utilizar instrumentos de pesquisa, como formulários e *landing pages*, para coletar dados e montar as estratégias. Por fim, fechar esses contratos é parte do relacionamento construído com essas pessoas/clientes.

Varanda (2010) trata da importância do conceito de *inbound marketing*, embora ainda não seja tão difundido entre as empresas. A autora explica a atualidade desse conceito, destacando a vantagem de facilitar as pesquisas de mercado, além de ser uma nova tendência no marketing. A pesquisadora reforça:

> O *Inbound Marketing* divide-se em três grandes componentes. A primeira é chamada de conteúdo, ou seja, é toda a substância/informação/ferramenta que vai ser usada para atrair o potencial cliente. Podem ser blogs, vídeos, fóruns. Como segundo componente, temos os motores de busca, que é o que vai tornar mais fácil ao cliente encontrar o conteúdo. Os motores de busca mais conhecidos em Portugal são o *Google*, *Yahoo* e o *Sapo*, onde podemos estar diretamente ou indiretamente, ou seja, podemos comprar palavras no *Google* que quando inseridas no motor de busca nos remete para o site/blog da empresa ou podemos estar associados a outro blog/site. Basicamente o que acontece é que quando fazemos uma pesquisa de algum assunto, que de algum modo está relacionado com o nosso produto/serviço, esse site remete-os para o nosso. São as chamadas parcerias online.
> O último componente do *Inbound Marketing* são as Comunidades Virtuais ou as Redes Sociais. São estas últimas que vão enfatizar o nosso conteúdo, pois vão fazer com que toda a informação transmitida seja tratada de um modo particular e não como spam. Uma vez que a marca, empresa ou até mesmo o produto/serviço está num espaço em que o potencial cliente se sente bem e no qual se encontra a socializar, podemos criar assim relações emocionais. (Varanda, 2010, p. 2)

Assim, o percurso do *inbound marketing* é despertar o interesse do consumidor, utilizando outras plataformas, com uma linguagem cativante e que converta o desejo desse consumidor em vendas. Uma das etapas mais importantes do *inbound marketing* é a ação de encantar, afinal, se o consumidor gostar muito de seu serviço ou produto, ele pode indicá-lo e ser um multiplicador do serviço.

A estratégia de *outbound marketing* tem função oposta do *inbound*: ele é o marketing de "empurrar", ou seja, é aquela propaganda paga para divulgar. É comum essa prática em vídeos do YouTube, em que você clica para assistir a uma palestra ou ouvir uma música e aparecem as propagandas pagas no conteúdo. Veja a figura a seguir, que compara as duas estratégias apresentadas.

Figura 3.5 *Inbound* marketing vs. *outbound* marketing

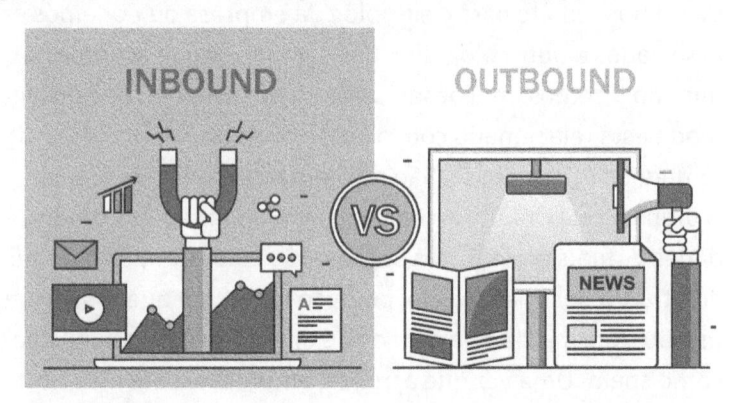

O *outbound* marketing também está presente nos *links* do Google, em panfletos, no atendente de telemarketing nos comerciais da televisão e do rádio. Ao passo que uma estratégia de marketing busca atrair o cliente (*inbound*), a outra é conhecida como o "marketing da irritação", por utilizar ferramentas, na visão de alguns, ultrapassadas. Ainda explorando o *inbound* e o *outbound* marketing, que buscam basicamente conseguir clientes, percebemos que essas estratégias se diferenciam pelo fato de que uma atua de maneira mais ativa, e a outra, mais receptiva.

Essas ferramentas são importantes, pois passam por todas as etapas desde a procura do produto até a conversão em clientes. Barradas (2019), ao falar sobre o *inbound marketing*, compara-o ao contexto militar:

> Fazendo uma analogia ao contexto militar, este objetivo poderá ser retratado num processo de recrutamento, em que a figura do cliente se traduz no candidato e a compra no ato de candidatura, e que resulta da construção de um relacionamento entre a instituição e o candidato, tendo como base um conjunto de procedimentos que permitirão que este último se mantenha afeiçoado e cada vez mais interessado na Instituição Militar, mesmo após o seu ingresso nas fileiras. (Barradas, 2019, p. 32)

É comum que as empresas e agências publicitárias tenham dúvidas quanto ao tipo de marketing em que devem investir. O *outbound,* por ser um tipo de marketing tradicional, ao passar dos anos, tem cedido espaço para o *inbound* marketing. O primeiro se materializa nas mídias tradicionais, e o segundo investe na mídia *on-line* e em formas inovadoras de atrair novos clientes.

Confira o quadro comparativo a seguir para que não haja dúvidas na hora de escolher a melhor opção para cada negócio.

Quadro 3.2 Características de *inboud* e *outbound* marketing

Inbound	Outbound
Comunicação mais indireta	Comunicação mais direta
Modelo de comunicação em via dupla: mais diálogo e interação	Modelo de comunicação em massa
Custo relativamente mais baixo	Velocidade de ROI mais alta
Engaja mais, pois o conteúdo da mensagem é mais envolvente e relevante para o público	Atinge resultados mais rapidamente

Fonte: Baltazar, 2018.

A comunicação empresarial tende a funcionar bem quando se encontra o equilíbrio entre essas duas estratégias de marketing. A solução pode estar na convergência dessas estratégias, isto é, tanto o *outbound* quanto o *inbound* carregam particularidades e pontos fortes, logo, além de um entendimento maior sobre cada um, é possível extrair o que cada estratégia pode oferecer de melhor para o segmento.

Pode ser difícil para o profissional da publicidade ou do marketing implementar uma nova metodologia quando não dispõe de conhecimentos ou argumentos suficientes para expor ao seu chefe ou proprietário da agência por que essa metodologia é um diferencial para o negócio.

No entanto, não basta argumentar: é preciso compreender as diferenças entre as metodologias estudadas, que são o *inbound* e o *outbound* marketing. Esse pode ser um fator decisivo para conseguir a aprovação de um trabalho. A metodologia do *inbound* marketing é baseada no conceito de **prospecção passiva**; por outro lado, o *outbound* se pauta na **prospecção ativa de clientes**.

Exercício resolvido

Maria Eduarda está ansiosa para assistir ao novo episódio de sua série televisiva preferida. Como ela não tem serviço de *streaming* contratado, recorre a um canal aberto da TV. O problema é que, às vezes, as cenas são interrompidas por propagandas inesperadas. Ela comentou com um amigo sobre sua irritação, e ele respondeu: "Pois é. Essas são as famosas práticas do *outbound marketing*". Sem entender, ela decidiu pesquisar sobre o assunto na internet. Assinale a alternativa que se refere a essa prática de vendas.

a) Trata-se de um conjunto de estratégias que buscam melhorar o posicionamento de *sites* nas páginas da internet a fim de gerar conversões.

b) Esse é o sistema gratuito em se que monitora o tráfego, podendo ser instalado em qualquer *site*, *blog* ou loja virtual. Um dos principais objetivos é saber como os usuários se comportam ao navegar por diversas páginas na internet.

c) É uma etapa do funil de vendas que tem como objetivo a tentativa de contato com potenciais clientes. Somente após a passagem do *lead* por alguns filtros, em um processo chamado de qualificação de *leads*, é que se deve prospectar clientes.

d) É um tipo de marketing considerado incômodo, em que o produto é promovido exclusivamente via publicidade de surgimento repentino. Considerado como prática clássica (e, por alguns, como antiga) na área.

Gabarito: D

Feedback do exercício: O conjunto de estratégias contempla a atividade de um profissional SEO, também conhecido por ser responsável em configurar mecanismos de busca. A monitoração do tráfego é realizada usando o sistema do *Google Analytics*, já o funil de vendas tem como finalidade a prospecção de clientes. O *outbound marketing* é uma estratégia de vendas, só que ela tende a surgir sem a procura imediata e direta do cliente. Essas ações ocorrem quando, por exemplo, você está assistindo a um programa de TV ou ouvindo as propagandas no rádio e acontece uma abordagem ao consumidor de forma interruptiva.

Além dessas duas estratégias de marketing, é importante destacar que as vendas e o marketing em geral estão focados em trazer novos negócios para uma empresa. Isso pode ocorrer de diversas maneiras, com estratégias diferentes, mas que deem retornos e sejam compatíveis com o objetivo final.

A equipe de marketing, por sua vez, busca criar campanhas que viralizem e façam sucesso. A equipe de vendas se diferencia, pois procura desenvolver relacionamentos interpessoais e convencer os consumidores. Ao mesmo tempo, as equipes dialogam entre si almejando a melhoria do processo.

Essa aproximação entre os profissionais de marketing e os de vendas ocorre, em alguma medida, porque eles têm objetivos em comum com suas equipes. Vejamos mais algumas dicas com base em Paulillo (2021) que você pode aplicar nas vendas ou mesmo em seu futuro negócio.

Informe-se antes de falar

Você já deve estar cansado de ouvir que é preciso conhecer o público-alvo. E isso certamente é verdade. Em termos de marketing, deve ser uma das principais tarefas de casa: pesquisar, estudar e analisar os dados.

Na área do marketing, não se vende para um público geral, mas para um público definido, que é o público-alvo. Paulillo (2021) apresenta um exemplo interessante do que é a ação de vender: "Quando você pensa em vendas frias, o pior problema que uma empresa pode ter é um alto volume de chamadas com poucos *leads*, resultando em uma baixa taxa de conversão".

Nesses casos, não obter conversão acaba resultando em perda de tempo e dinheiro. Aumentar a conversão é um desejo de qualquer empreendedor, mas isso não significa somente impulsionar discursos. É preciso que a mensagem e o público estejam alinhados, ou seja, de nada adianta a mensagem correta se ela não for enviada às pessoas certas.

A partir disso, os especialistas em marketing e vendas acabam concentrando grande parte de seus esforços na compreensão de sua *buyer persona*, em vez de apenas desenvolver um argumento perfeitamente convincente.

Não importa exatamente em qual área de atuação de vendas você se encontra. Na verdade, o que importa é que você entenda as necessidades de seu público e que, assim, torne possível a taxa de crescimento do negócio.

Quando você busca conhecer seu público, deve saber o tipo de linguagem ideal para se comunicar. Você pode utilizar jargões, desde que o público conheça essa linguagem e utilize-a. Dessa forma, a comunicação pode ser fluida e envolvente.

É no ambiente *on-line* que seu público provavelmente está: navegando em *sites*, nas redes sociais, em *blogs* ou em qualquer outro meio. Nesses espaços, o público também apresenta particularidades e características únicas. Busque explorá-las.

O meio digital tem atraído fortemente a atenção dos empresários. Isso porque já são milhares de brasileiros com acesso à internet e que navegam em computadores, *tablets* e *smartphones*. Para esses tipos de campanha, as pessoas têm recorrido ao marketing digital como caminho para atingir o sucesso nas vendas.

Aprenda a ouvir

Ouvir é uma tarefa em que as pessoas sentem um pouco de dificuldade. No ramo as vendas e do marketing, isso é essencial, afinal, para entender as demandas e os desejos do cliente, é preciso ouvir com atenção. Ouvir atentamente faz com que os profissionais evitem perdas e quebras de vendas ou contratos.

Quando se tenta vender um produto ou serviço para alguém no início do ciclo de compra, certamente você não pode usar o mesmo tom e linguagem empregados no final do ciclo. O ideal é adaptar o discurso de acordo com o conhecimento atual dos clientes da empresa ou do setor.

Convencer alguém a fazer uma compra exige muito mais do que palavras que possam ser entendidas. Você quer sair da obviedade e convencer o cliente de que ele deve comprar o produto ou o serviço. O marketing é contar histórias. A prática de bom vendedor é a chance de fidelizar o cliente e tornar a compra possível.

A chave da questão reside na escuta: "Qual é a necessidade desse cliente?". A partir disso, você pode contar a história e ajudá-lo a resolver esse problema. Ouça os problemas e ofereça a solução. Mostre que você os ouve, descrevendo suas necessidades e, em seguida, ajude-os a visualizar como a vida pessoal deles ou os negócios melhorariam se você fizesse parte deles.

Venda-se

Esse terceiro ponto também é bastante importante para os profissionais do marketing e de vendas. Isso implica dizer que você deve conhecer os pontos de venda exclusivos. Você pode vender um produto comum, aparentemente igual ou semelhante aos de seus concorrentes. Mas o que o torna diferente?

Com base nessas diferenças, você deve explorar sua habilidade de conquistar o cliente e sua oratória para envolvê-lo com seus argumentos. Parte de "vender a si mesmo" inclui muito trabalho nos bastidores, antes mesmo de falar com um cliente. Você precisa dedicar tempo para refinar sua mensagem. Como você pode, clara e concisamente, comunicar seu valor em relação aos seus concorrentes de uma maneira que motive a ação?

Partes dessas táticas está novamente relacionada às estratégias de marketing e vendas. Não se limite a uma única tática e desconfie daquelas que parecem gerar mais sucesso. Com experiência e reflexão cuidadosa, você poderá isolar os elementos de sua abordagem de vendas que dão mais retorno, usar a publicidade no Google, entre outras estratégias.

Os vendedores, em geral, já têm alguns estereótipos negativos e frases do tipo "Ele vai me forçar a comprar o produto" ou "Ele é insistente demais" são recorrentes. Por isso, seja perspicaz e dinâmico no processo de vendas, tentando explorar um atendimento o mais natural possível.

Exercício resolvido

Paulo assumiu recentemente a função de gestor de marketing em uma organização. De início, ele já observou que as estratégias eram idênticas para todos os clientes e consumidores. "Isso está errado, precisamos construir novas estratégias", disse ele em reunião com a alta direção. Sua justificativa foi que os compradores não têm as mesmas características e necessidades. "É preciso realizar mais estudos e dividir o mercado em grupos distintos para avaliar quais merecem maior atenção e quais estratégias são mais adequadas para cada um deles". Essa afirmativa de Paulo está correta? Assinale a alternativa que justifica corretamente a resposta.

a) Não, pois a condição para utilizar as estratégias de marketing é apenas a vinculação a uma rede de clientes da agência. Após isso, é possível de aplicar as estratégias igualmente.

b) Sim, pois as estratégias de marketing nunca podem coincidir de um cliente para o outro, ou seja, elas devem, obrigatoriamente, ser diferenciadas.
c) Sim, pois a ideia é que cada cliente tenha o conteúdo personalizado. Diante disso, é comum que as estratégias possam variar conforme o perfil.
d) Não, pois, conforme mostram os estudos de marketing e de vendas, é necessário que, para a execução das ações de clientes, as estratégias estejam alinhadas.

Gabarito: C

Feedback **do exercício:** A afirmativa de Paulo está correta. Cada cliente tem características, definições, objetivo e público-alvo próprios. Consequentemente, as estratégias variam, o que não impossibilita que algumas coincidam. No entanto, para obter sucesso nas campanhas e em qualquer ação, é preciso seguir as dicas do mundo do marketing, como saber vender o produto e ouvir o cliente.

A exposição de exemplos, do levantamento teórico e do que a literatura já produziu sobre todo o assunto abordado nesta obra, desde o relacionamento com clientes até o *inbound* e o *outbound* marketing, mostram a profundidade e a amplitude do tema. O papel de estratégia dessas subáreas que permeiam a publicidade, cada vez mais, ocupa um lugar importante na sociedade.

Ao longo dos últimos anos, os conceitos evoluíram – como é o caso de marketing – e outros estão caindo em desuso – como o de *outbound* marketing. Essas evoluções ocorreram (e ocorrem) em razão de uma complexidade que a própria sociedade vive e das regras que passam a ser ditadas pelo mercado e pela concorrência.

Apesar disso, essa área tem sido encarada como um campo de crescimento e rentabilidade financeira, passível de atuação desde os iniciantes até os empresários com mais anos de experiência. Os tempos estão mudando, e nós, profissionais, precisamos acompanhar essas evoluções.

Síntese

- Relacionamento com clientes: O relacionamento das agências de publicidade com os clientes surge com a necessidade de fidelizá-los. Há diversas formas de fortalecer esses relacionamentos e, na perspectiva de alguns autores, a *blogosfera* e a internet podem ser caminhos possíveis para um bom relacionamento com o cliente.
- *Crowdsourcing*: Considerada uma ferramenta estratégica de relacionamento entre o cliente e a marca, trata-se de um novo tipo de modelo do comportamento social coletivo. Na prática, qualquer pessoa pode executar uma tarefa de maneira colaborativa. Exemplo: Wikipédia.
- Cultura participativa: A cultura participativa engloba as novas formas de participação do usuário na internet. Este deixa de ser somente receptor e passa a ser produtor e consumidor, participando e exercendo diversos papéis *on-line*.

- Marketing de relacionamento: É o investimento em um relacionamento entre agência e cliente, descartando a possibilidade de resultados tão imediatos. Essa demanda no marketing surge com o intuito de manter e construir relacionamentos, o que acaba influenciando a intenção de compra de produtos e serviços.
- *Inbound* marketing: Relacionado com as estratégias de vendas, o *inbound marketing* busca atrair e converter pessoas em clientes potenciais. Exemplo: o valor que um cliente investiria na impressão e entrega de panfletos nas ruas poderia ser investido em um impulsionamento de anúncios nas redes sociais.
- *Outbound* marketing: Oposto do *inbound*, essa estratégia de venda "obriga" o usuário a consumir. É a propaganda paga que surge nas telas, sem o usuário sequer ter clicado para ativá-la.

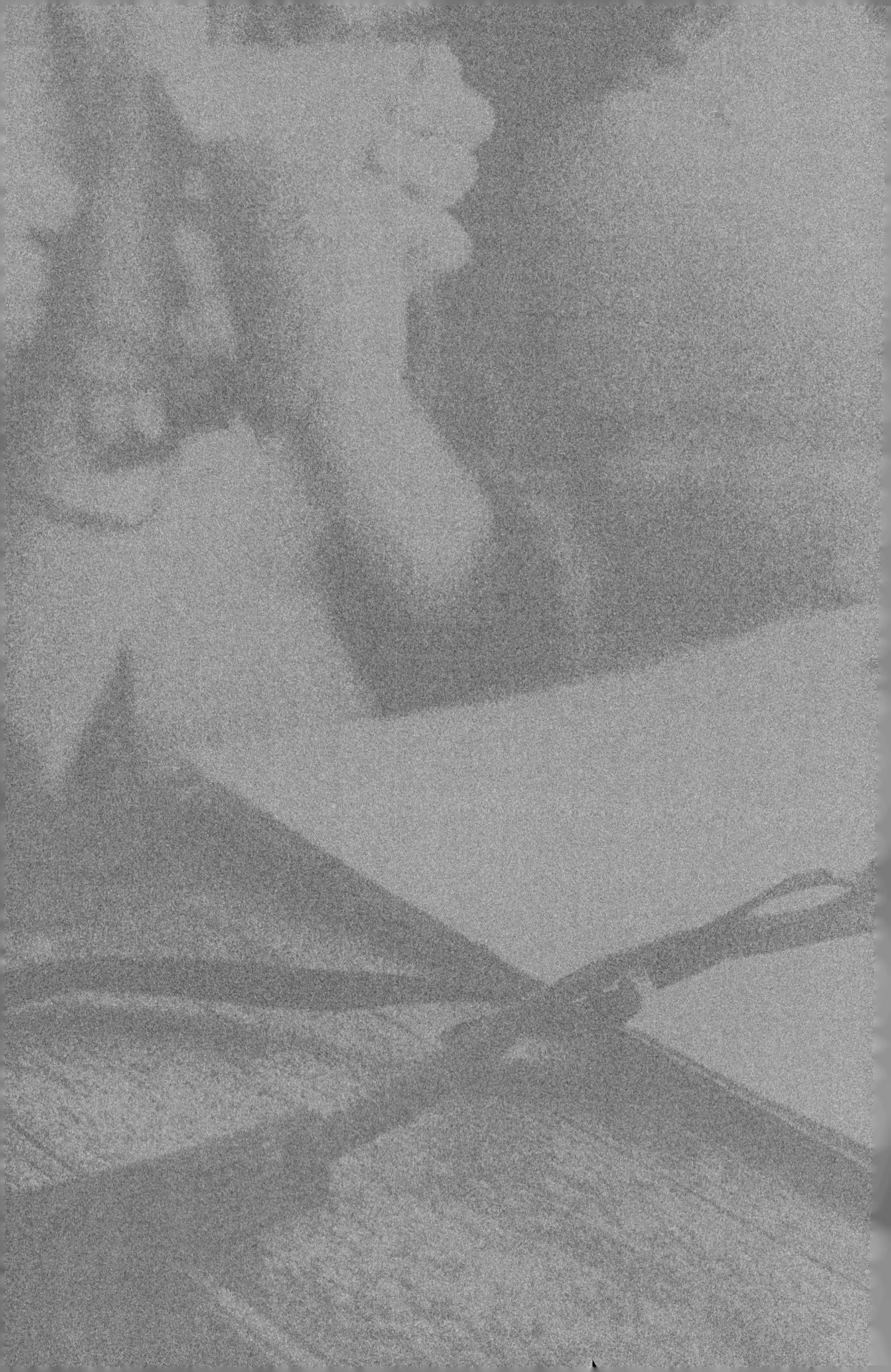

4
Comunicação integrada

Conteúdos do capítulo

- Comunicação organizacional.
- Cultura e clima organizacionais.
- Comunicação administrativa.
- Gerenciamento de processos de comunicação.

Após o estudo deste capítulo, você será capaz de:

1. reconhecer os benefícios de uma comunicação integrada;
2. compreender a importância da comunicação organizacional nas empresas;
3. distinguir a comunicação administrativa da interna e saber quando utilizar cada uma delas;
4. entender o gerenciamento de processos da comunicação e como ele pode tornar a comunicação mais eficaz nas corporações.

Além dos clientes, das estratégias e das vendas, a publicidade investe em diferentes formas de comunicação. Neste capítulo, vamos abordar a comunicação integrada e suas ramificações.

Em seguida, analisaremos a comunicação organizacional, que, por sua vez, é composta pelas comunicações mercadológica, administrativa e institucional nos ambientes internos e externos. Reconhecer essas formas de comunicação pode contribuir para o aperfeiçoamento do profissional da área.

Vamos ter acesso às informações sobre o que é a cultura e o clima das organizações, que abrangem o sistema permeado por valores de uma empresa, tanto nas relações pessoais quanto no marketing e na publicidade. Em suma, todos esses elementos contribuem para a adoção de práticas que fortalecem a imagem da marca e da empresa, tornando-as diferentes e mais competitivas no mercado.

4.1
Definindo a comunicação integrada e suas especificidades

Analisaremos a comunicação integrada, destacando seus pontos positivos e negativos. Nesse debate, outros tipos de comunicação são desencadeados, como a organizacional e a mercadológica. São conceitos que se interligam e que, na prática, também trabalham juntos. No entanto, saber distinguir os conceitos e suas especificidades é fundamental para uma boa execução da comunicação integrada.

Já tratamos dos diferentes tipos de estratégias estabelecidas na publicidade. Agora, examinaremos outro tipo de estratégia importante: a comunicação integrada. Ela é capaz de reunir o planejamento, a análise e a execução de tarefas em ações destinadas ao marketing e à comunicação. Todas as práticas utilizadas pelas empresas, como e-mails, anúncios, aparição nos veículos de comunicação, redes sociais e muitos outros meios, fazem parte de um conjunto maior de ações: a **comunicação integrada**.

Essa área da comunicação tem muita importância para as empresas, pois está relacionada com a comunicação institucional. Santiago (2002, p. 31) diz que a comunicação integrada de marketing, especificamente, é o "desenvolvimento da comunicação estratégica organizacional junto ao mercado, promovendo, posicionando e divulgando produtos, serviços, marcas, benefícios e soluções". Veja a figura a seguir.

Figura 4.1 Ilustrando a comunicação integrada

Na comunicação integrada podem estar relacionadas outras subáreas como: assessoria de imprensa, marketing direto, propaganda, publicidade, eventos culturais e muitos outros. O autor destaca que uma comunicação eficaz é indispensável para o alcance de resultados de uma marca e elenca outros benefícios desse tipo de comunicação integrada:

> A comunicação integrada de marketing é imprescindível, também, para o sucesso dos planos de marketing no segmento *business-to-business*, principalmente os relativos aos objetivos de participação de mercado e aumento de valor, buscando a maximização dos lucros.
>
> Muitos produtos comercializados nesse segmento estão se comoditizando. Em geral, a qualidade não difere muito de um fornecedor para o outro e os preços costumam ser muito semelhantes. A possibilidade de diferenciação entre os concorrentes com frequência resume-se à capacidade de compreender desejos e necessidades, comunicar e trocar informações e se adaptar com eficácia às mudanças, sugerindo inovações e gerando conveniência. Tudo isto pode ser feito por meio do atendimento diferenciado na venda pessoal. (Santiago, 2002, p. 32)

Santiago (2002) ressalta que existe um elo entre a comunicação e o marketing. Quando se pensa em construir um planejamento estratégico de comunicação com a finalidade de resolver determinado problema, é bem provável que se encontrem elementos característicos do marketing.

Outros autores, como Côrrea (2006), para explicar a comunicação integrada de marketing, fazem uso de uma pirâmide que conecta as três entidades principais da comunicação integrada de marketing (CIM): o anunciante/cliente, a mídia e as agências.

Figura 4.2 Comunicação integrada de marketing

```
         Anunciante/cliente
              /\
             /  \
            /    \
           /      \
          /        \
         /_____\
    Agências         Mídia
```

Fonte: Elaborado com base em Côrrea, 2006.

Inserimos essa ilustração para que, inicialmente, possamos refletir a comunicação em geral como um meio, e não um fim em si mesma. Ela é parte integrante do marketing e ambas as áreas sofreram modificações ao longo dos anos. Essas áreas do conhecimento, juntas, contribuíram para a evolução do processo comunicacional em sociedade. Como se vê na imagem, os três pontos devem estar conectados para o bom funcionamento de uma gestão e prestação de serviço e/ou produto.

Vasconcelos (2009) explica que o marketing é justamente o processo que orienta as empresas quanto às necessidades determinadas no segmento de mercado. Segundo o autor, para alcançar o desenvolvimento e o resultado de determinado produto ou serviço, nesse campo de atuação, utiliza-se o "marketing mix ideal", que envolve características do produto, preço, escolha dos pontos, meios de distribuição e qual a forma do produto e da comunicação (Vasconcelos, 2009, p. 20).

Algo interessante a ser destacado é que a comunicação integrada, além do uso de todos os tipos de ferramentas para atender às necessidades comunicacionais, é capaz de melhorar a construção da imagem interna e externa de uma empresa.

Novamente, citamos a agência de publicidade e propaganda como um agente dessa multiplicidade de serviços especializados. Como já aprendemos nos capítulos anteriores, a agência tem contato direto com os funcionários e os clientes, o que significa uma melhor capacidade de articulação dos projetos que envolvem a comunicação. Por isso, a agência pode oferecer um tipo de comunicação integrada que permita um planejamento integrado.

Trevisan (2003) realizou uma pesquisa com diversas agências de propaganda de grande e médio portes em São Paulo. A pesquisadora buscou dialogar com essas agências que têm na comunicação integrada uma filosofia de trabalho. Em sua avaliação, existem contradições e polêmicas em torno do assunto.

A avaliação é a de que a comunicação integrada, na perspectiva da comunicação organizacional, vê a organização de dentro para fora e enxerga todos os pontos de contato que são necessários ou desejáveis (Trevisan, 2003). Quando questionados, os entrevistados das agências utilizaram termos diferentes, mas apresentando uma visão similar sobre a comunicação integrada, sintetizada pela autora da seguinte forma:

> Em primeiro lugar, embora essa bandeira venha sendo utilizada com ênfase a partir de meados da década de 1990, a comunicação integrada não é um termo recente para o mercado publicitário. Esse conceito, de um jeito ou de outro, sempre permeou o trabalho das agências desde os primórdios da propaganda no Brasil. A maioria dos entrevistados alega que comunicação

integrada é um conceito ultrapassado, porque é obrigação da agência estar alinhada com a comunicação do cliente. Essas agências vêm praticando o conceito para seus clientes há muito tempo e nunca deixaram de enxergar todas as ferramentas de comunicação. (Trevisan, 2003, p. 50)

A compreensão de que a agência deve estar alinhada com a comunicação do cliente demonstra que certo tipo de cliente – aquele de maior tamanho e que consome tecnologias digitais, dotado de experiências mais relevantes, naturalmente – tem um entendimento maior sobre a comunicação integrada e as inúmeras possibilidades de uso das ferramentas de comunicação.

É preciso reconhecer que, quando falamos em comunicação integrada, aludimos a uma gestão da comunicação permeada pela globalização, pela informação e pela própria revolução tecnológica. Como estamos inseridos em uma sociedade formada por diferentes povos, classes e construções sociais, a própria comunicação passa por desafios e mudanças de cenários.

Castells (1999) situa o cenário de uma sociedade em rede chamando a atenção para a força tecnológica. O autor entende que essa sociedade é marcada pelos fluxos comunicacionais: "A presença na rede ou a ausência dela e a dinâmica de cada rede em relação às outras são fontes cruciais de dominação e transformação de nossa sociedade" (Castells, 1999, p. 565).

Tais mudanças na tecnologia também acontecem com a própria sociedade, a mídia e o comportamento do consumidor. Esse novo tipo de comportamento exige um novo tipo de processo comunicativo, que, consequentemente, têm as próprias regras e técnicas específicas.

Ainda que estejamos falando de transformações, não podemos deixar de mencionar o período dos anos 1980. Foi nessa época que muitas inovações começaram a surgir: cursos de comunicação social, crescimento de empresas e agências publicitárias que investiram na criação como elemento competitivo, entre outras novidades. Com essas mudanças, o marketing também surge como alternativa em um novo cenário.

Esse contexto é citado por Margarida Kunsch em diversos momentos, pois é a partir de mudanças na sociedade, na tecnologia e na informação que as empresas buscam se atualizar e sobreviver em meio às incertezas mercadológicas. Kunsch (1999, p. 74) faz uma avaliação interessante sobre a comunicação organizacional e os desafios da sociedade contemporânea:

> Neste sentido, a comunicação organizacional deve constituir-se num setor estratégico, agregando valores e facilitando, por meio das relações públicas, os processos interativos e as mediações da organização com os seus diferentes públicos, a opinião pública e a sociedade em geral.

A comunicação integrada faz parte de um grupo de estratégias que auxiliam as marcas e os empreendedores a crescer no ramo empresarial. O próprio nome *comunicação integrada* já transmite a ideia de uma voz que comunica de uma única maneira em todos os canais.

Alguns autores, como Vianna (2008), apostam em estratégias básicas para o funcionamento da comunicação integrada. No processo de tomada de decisões, é preciso o envolvimento da direção e a inserção desse tipo de comunicação, já que ela passa a ser observada como estratégica, tornando-se presente nas perspectivas operacional e estratégica do planejamento e da gestão organizacionais.

Assim, entendemos que a comunicação eficiente é aquela capaz de gerar uma sinergia da informação a ser transmitida, com uma identidade que revele quem é a companhia que se comunica com o receptor. Além disso, a comunicação precisa ser coerente, isto é, passar uma mensagem que faça sentido e que se relacione com todos os canais de comunicação, bem como uma linguagem consistente, contínua e complementar.

Para saber mais

O bate-papo *Comunicação integrada: o que é e como colocar em prática na sua empresa*, disponibilizado no YouTube, traz dicas de como reconhecer a comunicação integrada nas empresas, sua importância e como aplicá-la em empresas de grande ou pequeno portes. Essa pode ser uma boa recomendação para os empresários, publicitários, estudantes e pesquisadores da área. O bate-papo está disponível em: <https://www.youtube.com/watch?v=TR9lhWcE4xk>.

Esse tipo de comunicação é responsável pelo sucesso de todas as formas de comunicação, de modo que conseguem alcançar um objetivo coletivo. Anteriormente, a comunicação integrada era compreendida como o principal diferencial competitivo, mas é preciso destacar que o investimento também é um reforço estratégico para o posicionamento das marcas.

Conforme explicado por Cairolli (1992), a comunicação integrada deve ser justificada por um trabalho de vários profissionais de áreas específicas em torno do mesmo projeto. As organizações que atuam com a comunicação integrada têm um diferencial necessário para manter-se em um mercado que exige rapidez, economia e eficácia nos processos comunicativos.

Entretanto, como em outras áreas, os profissionais que desconhecem os efeitos da comunicação integrada e não entendem as atividades realizadas pelos profissionais de cada habilitação podem provocar consequências negativas. Diante disso, a comunicação integrada exige um coletivo que compreenda que o trabalho em conjunto busca atingir um objetivo comum, e não individual.

Embora o trabalho empenhe-se em alcançar um objetivo comum, para obter eficácia é preciso ponderar as especificidades de cada área de atuação. O jornalista, por exemplo, trabalha com a apuração e a elaboração da informação, que circula nos veículos de comunicação, como jornal impresso, jornalismo digital, televisão, rádio, redes sociais e internet em geral. Esse profissional é o responsável pelo domínio da linguagem e das técnicas jornalísticas, o que o torna capaz de atuar tanto nos veículos tradicionais quanto no campo da comunicação institucional. No caso do mercado publicitário, a linguagem e as técnicas mudam, uma vez que ele demanda a organização de conteúdo em produtoras de áudio, cinema, vídeo e outras segmentações.

Além disso, existem as áreas de atuação do produtor editorial e das relações públicas. Em geral, são produções diferentes, mas que, na comunicação integrada, trabalham para elaborar ações que contemplem os objetivos das corporações.

É importante saber que a comunicação integrada é capaz de alavancar as vendas das empresas, com campanhas mais eficazes e otimizadas. Todas as ações são planejadas buscando consolidar a imagem da empresa ou da marca. Após discutir a respeito da comunicação integrada pela perspectiva de diferentes autores e pensamentos, sintetizamos o conceito a fim de promover uma melhor compreensão dessa palavra-chave para a área dos negócios.

O que é?

A comunicação integrada é um conjunto de estratégias e ações planejadas que devem ser desenvolvidas nos âmbitos interno e externo das organizações. A ideia é que se proporcione uma boa experiência para o público-alvo e que a marca e sua identidade no mercado de trabalho sejam consolidadas.

Apesar de a comunicação integrada propor uma elevada construção e organização aos gestores e organizadores de empresas, muitas usam o termo de maneira equivocada. Foi o que observou o trabalho de Palmerston et al. (2004) ao analisar algumas empresas, entidades e agências de comunicação que afirmam utilizar a comunicação integrada.

Na prática, Palmerston et al. (2004) constataram que a expressão é utilizada de maneira equivocada, pois algumas empresas alegam fazer uso da comunicação integrada exclusivamente porque dispõem de profissionais de todas as áreas da comunicação social. Os pesquisadores esclarecem:

> Em primeiro lugar observa-se que a comunicação integrada é uma tendência a princípio das médias e grandes organizações. Tal atividade, no entanto, ainda está sendo desenvolvida a partir de projetos específicos e não do cotidiano da atividade comunicacional das empresas. Com relação às habilitações, vê-se que o profissional de relações públicas tem ganhado espaço nas empresas, diferente do que ocorria até a década de 90, quando ainda era comum os próprios profissionais e estudantes reclamarem da falta de conhecimento da área por parte dos empresários. As pesquisas apontaram que todas as organizações entrevistadas possuem pelo menos um e até mais de um RP em seus quadros. As atividades que os relações-públicas mais desenvolvem são de diagnóstico, planejamento, desenvolvimento de ações e eventos. Esse é outro grande avanço, no sentido de que tais profissionais têm realizado as atividades para as quais eles são preparados e não somente o desenvolvimento de cerimonial e eventos como também era um questionamento profissional anterior. (Palmerston et al., 2004, p. 15)

Fica claro, assim, que a comunicação integrada tem diversas características que merecem atenção ao aplicá-la nos negócios. Recomendamos que o executor desse tipo de comunicação estude o público-alvo a ponto de reconhecê-lo e obter sucesso nas campanhas.

Exercício resolvido

É fato que nenhuma empresa está livre de crises em sua imagem e reputação. Logo, investir em gestão de crise, em monitoramento da presença das redes sociais e em uma comunicação integrada eficiente é uma das formas de prosperar o negócio, evitando problemas futuros. Nesse sentido, pensando no caso da comunicação integrada, marque a alternativa que explica melhor como funciona essa estratégia nas organizações.

a) A comunicação integrada diz respeito a um único tipo de comunicação que não dialoga com outras áreas, pois ela, por si própria, é capaz de resolver os conflitos e dilemas do mercado das organizações.
b) Na literatura, existem autores que classificam a comunicação integrada em três entidades: anunciante/cliente, mídia e agências.
c) Nesse tipo de comunicação integrada, é exclusivo o trabalho na parte externa das organizações, o que faz com que autores da literatura evitem o uso inadequado do termo.
d) A comunicação integrada tem diversas características, no entanto, ela não se concentra em alavancar as vendas com campanhas capazes de impulsionar o crescimento das empresas.

Gabarito: B

Feedback do exercício: Existem autores, como Côrrea (2006), que acreditam na comunicação integrada e que ela é subdividida nestas três áreas: anunciante/cliente, mídia agências. A comunicação integrada dialoga com outras áreas da comunicação, como organizacional, mercadológica e institucional. O trabalho se desenvolve nos âmbitos interno e externo das organizações. A comunicação integrada é capaz de alavancar as vendas das empresas.

A *Rock Content*[1] (2018) propõe algumas perguntas que devem ser respondidas para a identificação do público:

- Para quem você vai criar os canais de comunicação?
- Como essas pessoas se comunicam?
- Qual é o tipo de linguagem usado pelo público?
- Quais são as principais necessidades e interesses do público?
- Como o público entra em contato com as empresas? Celular, computador, telefone, *e-mail*?

Essas perguntas são importantes para o alcance do público-alvo. Além disso, a comunicação integrada conta com um planejamento bem elaborado, uma busca por diferentes tipos de canais de comunicação e formas de se comunicar com o público.

4.2
Comunicação e gestão organizacional

Primeiramente, vamos pensar no que é e como funciona uma organização. Trata-se de um:

---

[1] Rock Content é uma empresa global de marketing, sendo a maior da América Latina em marketing de conteúdo.

sistema de atividades ordenadamente coordenadas entre duas ou mais pessoas onde, devido a limitações pessoais, os indivíduos são levados a colaborarem uns com os outros para alcançar objetivos que a ação isolada de uma única pessoa não conseguiria. (Pereira, 2008, p. 1)

Na prática, as organizações se formam em uma interação que reúne desafios, dinâmicas e complexidades. A funcionalidade de um sistema organizacional pode ser considerada produtiva, em geral, quando pessoas buscam satisfazer suas necessidades e pertencer a um grupo de trabalho. Diante das complexidades, isso nem sempre é alcançado, o que demonstra uma oscilação de fatores nas relações entre os sujeitos. "Percebe-se, ainda, que um dos fatores mais complexos nesse sentido é própria subjetividade humana, ou seja, o caráter das motivações, desejos, valores, experiência adquirida [...]" (Pereira, 2008, p. 2).

Assim, para entender como as organizações funcionam, é preciso adentrar nas particularidades da comunicação e da cultura organizacional de cada uma. Diversos são os elementos que podem influenciar as organizações, como os recortes de contexto histórico, a realidade em que está inserida, os relacionamentos e a conduta de sujeitos.

Entre os anos 1990 e 2000, produziu-se uma grande quantidade de estudos e pesquisas que visavam ampliar o debate acerca da comunicação organizacional. Não bastava somente informar, era preciso que as informações estivessem em harmonia com os propósitos da organização.

Paralelamente à comunicação organizacional – sobre a qual falaremos a seguir –, há também o clima das organizações. O clima é formado pelos sentimentos que as pessoas partilham e que, direta ou indiretamente, influenciam o comportamento, a produtividade e outros elementos que fazem parte do ambiente de trabalho.

Vale destacar que o clima organizacional também pode evidenciar ações reveladas ao longo do tempo por funcionários no ambiente de trabalho. Por exemplo: as peculiaridades de um funcionário e como isso se reflete dentro da organização, os tipos de pessoas e suas características que podem interferir positivamente ou não no trabalho, entre outros fatores. "O clima organizacional é o reflexo das motivações, comportamentos e relações estabelecidas entre as pessoas pertencentes à organização, além de ser um fator que influencia estas mesmas variáveis" (Pereira, 2008, p. 4).

Pensando de maneira abrangente, a comunicação organizacional é composta pela comunicação mercadológica, administrativa e institucional nos ambientes internos e externos. Uma das características importantes da comunicação organizacional é seu caráter estratégico.

Maria Eugênia Porém (2015), ao mencionar a comunicação organizacional, recorda que existem as manifestações comunicativas. De certa maneira, essas manifestações impactam os relacionamentos entre a organização e seu público. Elas são estruturadas pelas formas comunicativas: humana, existencial, estratégica e técnica/instrumental.

> A humana revela o individuo no processo de comunicação, especialmente a importância da comunicação interpessoal e dos elementos cognitivos que interferem nesse processo. A existencial se refere à experiência singular de cada um em sua existência – das emoções, dos sentimentos, dos valores e princípios. A técnica/instrumental diz respeito a eficiência na transmissão

das informações por meio dos diferentes canais. E a estratégica que deve estar alinhada ao planejamento estratégico e aos objetivos e metas organizacionais. Todas as quatro formas de manifestações comunicativas apresentadas brevemente impactam nas dimensões da comunicação organizacional, facilitando ou não o cumprimento da missão e dos objetivos organizacionais. (Porém, 2015, p. 23)

Essas explicações mostram como a comunicação integrada está conectada com a comunicação organizacional e o quanto isso valoriza e fortalece o relacionamento entre o público e a sociedade em geral. Por meio de um planejamento global de comunicação, todos os setores desenvolvem ações para atingir um objetivo comum.

Assim, a comunicação organizacional tem como finalidade a execução de inúmeras atividades comunicacionais dentro de uma empresa. A integração dessas atividades é possível em virtude da atuação conjunta dos profissionais da área, garantindo coerência em relação à linguagem adotada e racionalização das atividades, como forma de atingir a complexidade dos públicos organizacionais.

Kunsch (2006) é uma das importantes autoras que nos ajudam a entender a comunicação organizacional. Isso porque, de acordo com seus estudos, cada empresa compreende e lida com tal conceito de uma maneira: algumas, pela perspectiva estratégica, outras concentram-se na parte técnica, entre outras interpretações. A pesquisadora analisa o fenômeno organizacional dentro das organizações, bem como o sistema e seus diversos públicos.

Em uma de suas leituras, Kunsch (2006) avalia os paradigmas da comunicação organizacional e compreende que esse processo deve ocorrer de maneira harmônica, como mencionado anteriormente. Certamente, essas formas de lidar com a comunicação permitem que esses espaços tenham uma comunicação mais eficiente e eficaz. A autora complementa:

> É possível encarar de várias maneiras a comunicação integrada, que em síntese, constitui uma somatória dos serviços de comunicação feitos, sinergicamente por uma ou várias organizações e tendo em vista, sobretudo os públicos a serem atingidos e a consecução dos objetivos propostos [...] a real eficácia da comunicação é o objetivo último de um trabalho integrado [...] isto só é possível mediante uma ação conjugada de todas as áreas que produzem, emitem e vinculam mensagens para os mais diferentes públicos. (Kunsch, 2006, p. 113)

Autores como Curvello (2009) entendem a comunicação organizacional por outro pronto de vista. De acordo com o autor, esse tipo de comunicação é percebido como fenômeno por se tratar de um processo que constitui e reconstitui a organização. O autor ainda comenta que, para haver uma qualidade de comunicação, é importante que aconteça para todos os membros de uma equipe, com respeito às diferenças dentro do grupo e visando a uma gestão mais participativa.

Uma das características da comunicação organizacional é obedecer a uma linguagem e a um comportamento em comum, com objetivos gerais e que guiem as atividades de todos os envolvidos em determinados setores de uma empresa. A partir dessa premissa, a comunicação organizacional trabalha especificamente nos diferentes segmentos a fim de integrá-los ao foco principal da organização.

Figura 4.3 Comunicação organizacional

A figura anterior mostra vários pontos que se interligam. Na prática, ilustra a comparação entre a comunicação integrada e a organizacional, que estão conectadas e, consequentemente, trabalham em conjunto, acionando outras subáreas e outros profissionais. No entanto, esse trabalho das organizações lida com produções que dependem de prazos, espaço e tempo.

O imediatismo é característica dessa nova sociedade, e, certamente, é desafiador para as organizações cumprirem produções, vendas e serviços a curto prazo. A respeito dessa interferência do espaço e do tempo na vida moderna, Giddens (1991), em sua obra *As consequências da modernidade*, entende que a modernidade se refere ao estilo, ao costume de vida ou à organização social que emergiram na Europa a partir do século XVIII.

O autor faz uma contribuição pertinente quando aponta as principais características da sociedade moderna: (1) o ritmo da mudança; (2) o escopo da mudança; e (3) a natureza intrínseca às instituições modernas. Essas características dizem respeito à natureza da comunicação organizacional.

O dinamismo da modernidade deriva da separação entre tempo e espaço, o que leva à conclusão de que existe um afastamento dos sistemas sociais. Exemplos práticos disso são o calendário e o relógio mecânico, símbolos utilizados pelas culturas pré-modernas para marcar o tempo. Esse ritmo frenético de mudanças sociais é uma preocupação para os gestores organizacionais, que, assim como os estudiosos, estão atentos a essas transformações.

Sobre o contexto contemporâneo, Cardoso (2006) apresenta os desafios teóricos da comunicação organizacional *versus* a comunicação empresarial, por identificar que existem limites teóricos e como é importante analisá-los. No texto, ele também discorre sobre os desafios de pensar a comunicação e a informação como elementos estratégicos de gestão:

> é um desafio que precisa ultrapassar as fórmulas superadas que estão comprometidas com a racionalidade instrumentalizada e o monopólio da verdade, para que se alcancem formas de colocar o ser humano em pauta, valorizando a capacidade criadora do indivíduo, sem desprezar a subjetividade e a afetividade, e vendo a organização como resultado de um processo dialógico com o meio ambiente. (Cardoso, 2006, p. 1.126)

Cardoso (2006) é um dos autores que acreditam nas limitações da comunicação empresarial tradicional. Um dos caminhos indicados pelo pesquisador é compreender a comunicação como um processo estratégico de uma realidade dinâmica e complexa. Essa observação acerca da comunicação aponta para a realidade das mudanças significativas que temos vivenciado.

Novas práticas, tanto no âmbito da administração quanto no da gerência, têm surgido nas últimas décadas. "E tanto a busca pela excelência empresarial quanto a preocupação com o consumidor e com o futuro do planeta têm produzido novas concepções de gestão de negócios" (Cardoso, 2006, p. 1.127).

Nas abordagens e estratégias adotadas pela comunicação empresarial, a principal delas tem sido o objetivo de se comunicar e enviar a melhor mensagem de comunicação ao público-alvo. Essas formas de comunicação podem ser decisões que influenciam o público.

É nesse contexto de mudanças que Genelot (2001) critica o conceito de comunicação empresarial, apresentando como alternativa um novo modo de fazer cultura organizacional em que todos os envolvidos se sintam participantes do processo.

No ambiente empresarial, o foco, agora, é outro: o consumidor. Isso, em alguma medida, aumenta a responsabilidade das empresas de se comunicarem com seus clientes. A comunicação assume, assim, um papel fundamental na absorção e na divulgação dos novos paradigmas empresariais, podendo agir como poderosa ferramenta estratégica de gestão.

A dimensão estratégica que a comunicação vem assumindo nas organizações, sendo parte da cultura organizacional, modifica paulatinamente antigos limites. Não mais se restringe à simples produção de instrumentos de comunicação: ela assume um papel muito mais abrangente, que se refere a tudo que diz respeito à posição social e ao funcionamento da organização, desde seu clima interno até suas relações institucionais. Uma estratégia de comunicação é algo intrínseco à estratégia global da organização. (Cardoso, 2006, p. 1.128)

Especialistas têm pensado nessa perspectiva da comunicação e cultura organizacional e em como as empresas têm lidado com essas mudanças no cenário contemporâneo. Para entender mais sobre isso, recomendamos acompanhar um *podcast* sobre o assunto.

Para saber mais

Mercado em movimento: cultura organizacional humanizada é o título do *podcast* da CBN João Pessoa. Camila Esposte e Lauriston Pinheiro conversaram sobre como as empresas estão incorporando a cultura organizacional humanizada. Diante do cenário de flexibilização das atividades no contexto da pandemia do novo coronarívus, as empresas também estão repensando seus modos de atuar. Para escutar o *podcast*, acesse o *link*: <http://cbnjoaopessoa.com.br/mercado-em-movimento-cultura-organizacional-humanizada/>.

A cultura organizacional citada no *podcast* é conceituada por alguns autores. Robbins e Sobral (2012, p. 501) definem *cultura* como "um sistema de valores compartilhado pelos membros de uma organização que a diferencia das demais". Os autores apresentam algumas características que capturam a essência da cultura de uma organização:

- **Inovação:** até que ponto os funcionários são incentivados a inovar e assumir riscos;
- **Atenção a detalhes:** o grau em que se espera precisão, análise e atenção aos detalhes por parte dos funcionários;
- **Orientação para resultados:** nível exigido de foco em resultados, dando a eles maior importância do que a técnicas e processos para atingimento destes;
- **Foco na pessoa:** grau em que se considera o efeito dos resultados sobre as pessoas da organização;
- **Foco na equipe:** atividades de trabalho são mais organizadas em torno de equipes do que de indivíduos;
- **Agressividade:** grau em que as pessoas são competitivas e agressivas (ao invés de tranquilas);
- **Estabilidade:** atividades priorizam a manutenção do *status quo* ao invés do crescimento. (Robbins; Sobral, 2012, p. 501)

Essas e outras boas práticas ajudam a tornar o ambiente de trabalho das organizações mais produtivo. O Sebrae também elencou responsabilidades no que se refere à cultura organizacional de uma empresa. "[A empresa] é responsável por reunir os hábitos, comportamentos, crenças, valores éticos e morais e as políticas internas e externas de uma empresa. Uma boa cultura pode motivar os funcionários e ajudá-los no crescimento" (Sebrae, 2017).

Exemplificando

Como vimos, a cultura organizacional influencia uma série de fatores ligados à empresa. Para entender esse conceito na prática, grandes empresas como o Google, a Netflix e a Apple conseguem ser exemplos de boas práticas da cultura organizacional. Esse tipo de comportamento é importante para o desenvolvimento das empresas, para as definições

dos valores, da missão, dos princípios e das crenças que
permeiam o espaço corporativo.

É natural que a cultura organizacional seja utilizada e organizada por elementos que estão subdivididos em categorias. Em uma empresa, por exemplo, é possível que se descubra quais são seus valores, isto é, as crenças de uma organização. Tais questões também estão relacionadas aos preconceitos e às ideologias.

Na cultura organizacional, também são identificadas as histórias que fazem parte da empresa. Em um momento de crise, por exemplo, existem lideranças, pessoas que são de importância para a história dessas organizações. De alguma forma, elas se tornam protagonistas e determinados funcionários deixam um legado.

Outro elemento importante na cultural organizacional é a linguagem, que pode ser subdividida em formal ou informal. Os rituais, por sua vez, são elementos que revelam uma parte da cultura de uma empresa. E, nesse campo, enquadram-se as festividades da empresa, as premiações e os aniversários dos funcionários. Acompanhar os rituais de uma empresa permite que você adentre sua realidade, identificando os modos de ser e estar da corporação.

A importância da cultura organizacional também se explica pelo comportamento humano nas empresas, ou seja, ela é capaz de mostrar o que precisa ser aperfeiçoado. As redes de relacionamento entre os seres humanos, como sabemos, têm suas complexidades. No entanto, a cultura organizacional pode ajudar a viabilizar estratégias de desenvolvimento para a empresa.

A cultura organizacional ainda é importante na definição das fronteiras de uma organização. Isso auxilia na distinção da organização, de sua missão e de outros papéis. Além disso, a cultura organizacional proporciona um sentido de identidade coletiva aos membros dessa organização.

Logo, a cultura organizacional projeta uma imagem da organização para os clientes, fornecedores e funcionários. Isso pode gerar um comprometimento das pessoas, despertando o sentimento de coletividade e ultrapassando os interesses individuais de cada um. Estimula, também, a estabilidade do sistema social, ajudando a manter a coesão e fornecendo padrões adequados, sinalizando o que deve ou não deve ser feito pelos funcionários, deixando claro quem é de dentro e quem é de fora da organização.

Temas como a flexibilização, a globalização e a cultura fazem parte das análises de estudiosos, pesquisadores e outros profissionais que investigam as organizações. De acordo com Pires e Macêdo (2006, p. 82), "Essas transformações geram um ambiente complexo, marcado pelos avanços tecnológicos e científicos, mudanças de conceito, de valores e quebra de paradigmas que norteiam todos os segmentos da sociedade".

Exercício resolvido

A comunicação organizacional já demonstrou ter sua relevância no que diz respeito à prática de administrar relacionamentos entre as organizações e o público, transformando essas relações de maneira positiva. Além disso, toda atividade depende de um tipo de comunicação. Assim, percebemos que a comunicação organizacional consegue construir um campo de teoria e prática. Assinale a alternativa que melhor contempla tal afirmação.

a) Auxiliar as empresas na produção de conhecimento, atribuindo maior importância aos setores de recursos humanos e de administração financeira.
b) Buscar compreender a concepção e a prática das comunicações informacional, mercadológica, administrativa e interna.
c) Contemplar somente os serviços relacionados às relações públicas. Portanto, esse campo de atuação que rege a comunicação entre empresas e público.
d) Exerce um tipo de comunicação que tem as mesmas funções que as relações públicas, a exceção da comunicação interna desenvolvida nas empresas.

Gabarito: B

***Feedback* do exercício**: Não é responsabilidade da comunicação organizacional a administração financeira da empresa. O setor de recursos humanos, por sua vez, é responsável pela comunicação administrativa. No caso dos serviços que competem às relações públicas, trata-se de outro campo de atuação que, embora tenha relação com a comunicação organizacional, dela se difere.

De modo geral, as principais mudanças no cenário relacionadas ao jornalismo empresarial e à comunicação organizacional são percebidas por Kunsch (1999). Algumas características que valem ser destacadas são: a divisão do trabalho e maior especialização em razão da criação de unidades separadas na estrutura organizacional; o crescimento tecnológico que proporcionou o barateamento dos processos de editoração e impressão, facilitando a produção de publicações; entre outras mudanças.

4.3
A comunicação administrativa

O interesse pela comunicação e pelas questões culturais não é algo recente na área da administração, embora tenha crescido nas últimas duas décadas. A literatura teórica da administração começou a registrar autores que reconheciam a importância dos estudos e seus reflexos nos aspectos culturais e na gestão dos recursos humanos.

Barbosa (1996) afirma que, somente a partir dos anos 1970 e 1980, o termo *cultura organizacional* – de empresas ou corporativa – começou a ser usado com mais frequência e que esse campo seria, então, o novo interesse da administração. "Caracteriza-se por reconhecer que a cultura de uma empresa é uma variável importante, podendo funcionar como um complicador ou um aliado na implementação e adoção de novas políticas administrativas, relacionando-se também ao seu desempenho econômico" (Barbosa, 1996, p. 7).

Ao apresentar mais um tipo de comunicação – e que se relaciona com a comunicação integrada –, percebemos que a comunicação em geral não é uma unidade. Pelo contrário, no ambiente corporativo, os tipos e as formas de comunicação se modificam. A comunicação administrativa, por vezes, é confundida com a interna, mas deve ficar claro que elas são distintas e que cada uma tem suas funções.

A comunicação administrativa está relacionada, por exemplo, ao setor de recursos humanos. Essa é a área que organiza os procedimentos em uma empresa. A comunicação interna, por sua vez, é responsável por convencer os funcionários quanto às ideias e aos objetivos do negócio. Seu papel também é motivar e integrar as equipes de trabalho.

Figura 4.4 Comunicação administrativa e os recursos humanos

Inspiring/Shutterstock

A comunicação interna passou a ser vista como fator estratégico e de sucesso para as organizações, o que possibilitou que essa área alcançasse novos espaços. Essa comunicação utiliza uma série de ferramentas para promover a interação e a troca de informação entre empresa e colaboradores. Para Menan (2006, p. 2), a comunicação interna é:

> uma ferramenta estratégica para a compatibilização dos interesses dos colaboradores e da empresa, através do estímulo do diálogo, à troca de informações e experiências

e a participação de todos os níveis hierárquicos da empresa. É, na verdade, um fator contribuinte ao clima organizacional. As ferramentas da comunicação interna podem variar de um cartaz parabenizando os aniversariantes do mês à foto do colaborador de maior destaque no período, passando por um programa de TV com o mais alto executivo da instituição transmitido no refeitório da fábrica. Geralmente engloba a comunicação administrativa (memorandos, circulares), a comunicação social (boletins, jornais, vídeos e revistas internos) e a própria comunicação interpessoal (entre os colaboradores e seus superiores).

Inserida na comunicação organizacional, a comunicação administrativa é considerada parte do cotidiano da administração, envolvendo áreas como o planejamento de estruturas técnico-normativas. É a comunicação administrativa que orienta, atualiza, ordena e reordena o fluxo de atividades funcionais por meio de normas, portarias, memorandos, instruções, cartas técnicas, índices, entre outros.

Barbosa (1996) acredita, inclusive, que o termo *cultura administrativa* seja mais apropriado do que *cultura organizacional*. Segundo a autora, o primeiro não contempla a dimensão simbólica que existe na vida empresarial e administrativa. Barbosa (1996, p. 18) apresenta três motivos para utilizar o termo *cultura administrativa*, trazendo sua dimensão sociológica:

> Primeiro, o conceito não se restringe a um único tipo de instituição do mundo moderno que tem a tarefa de administrar. Nem enfatiza, dentro do universo analítico que ele privilegia, uma só modalidade de empreendimento empresarial, como as grandes

empresas ou organizações. Segundo, ele não traz as marcas evidentes do campo intelectual que o gestou, contemplando de maneira mais sociológica a tarefa de gerir recursos humanos e materiais, colocando o foco teórico na dimensão simbólica da tarefa de administrar ao invés de nas instituições que o fazem. Isso possibilita que as categorias relevantes para cada universo social sejam atribuídas por ele mesmo, diminuindo a possibilidade de utilização de categorias, metodologias e problemáticas teóricas de forma pouca reflexiva. Terceiro, o conceito de cultura administrativa assinala, com mais clareza, a importância da relação dos diferentes tipos de instituições que administram e da própria administração com o universo social no qual se acham inseridas. Ao mesmo tempo, permite relacioná-las com os pressupostos valorativos subjacentes às diferentes teorias de administração moderna, possibilitando um maior entendimento dos possíveis impasses e inadequações quando das suas utilizações.

A avaliação da autora é interessante, pois demonstra sociologicamente como as sociedades estão organizadas em termos de valores e instituições. Essa perspectiva também entende as empresas não como unidades básicas, mas justamente a partir de uma proposta administrativa no contexto significacional das diferentes sociedades.

O que é?

Comunicação organizacional: Conta com profissionais que cuidem do planejamento e da gestão de uma empresa. Na prática, cabe a esse tipo de profissional realizar ações de interação entre a organização e o público.

> **Comunicação administrativa**: Responsável por tornar os processos e os procedimentos mais claros no ambiente corporativo. Assim, a comunicação administrativa executa tarefas ligadas à gestão de recursos humanos e à comunicação do cotidiano.

Nas ciências sociais e na administração científica, não é comum que estudos contemplem as culturas organizacional, corporativa e empresarial. Essa provocação parte de Barbosa (2002), em seu livro *Cultura e empresas*. Nas palavras da autora, o primeiro termo a surgir e se popularizar foi *cultura organizacional*, o qual possibilitou aos teóricos da administração chamar a atenção para a esfera simbólica das organizações.

4.4 Gerenciamento do processo de comunicação

O processo de comunicação é importante para toda e qualquer pessoa que deseja colocar a comunicação em prática em seus projetos. Inicialmente, podemos pensar que a comunicação enfrenta desafios nos processos de interação e trocas de informações. Em um panorama geral da comunicação, recordamos os processos de fala e de escrita dos tempos medievais.

Mais tarde, surgiram os veículos de comunicação, cada um provocando impactos diferentes na comunicação. Assim, fica claro que a comunicação, além de seu percurso e de seu desenvolvimento, sempre se utilizou de recursos capazes de promover a compreensão entre quem emite a mensagem e quem a recebe.

Na percepção de Chaves et al. (2014), o processo de comunicação é "a relação estabelecida pela transmissão de estímulos e pelas respostas equivocadas. É um processo voluntário, ou não, pelo qual dois agentes transmitem e/ou recebem mensagens, e pode envolver elementos inconscientes". A ideia de que a comunicação está envolvida em um processo pode ser exemplificada no modelo proposto pelos autores Kotler e Keller (2006), conforme o quadro a seguir.

Quadro 4.1 Processo de comunicação

Emissor		Mídia		Receptor
Mensagem e significado pretendido	CODIFICAÇÃO	Canal de Comunicação	DECODIFICAÇÃO	Mensagem e significado percebido
Mensagem e significado percebido	DECODIFICAÇÃO	Ruído	CODIFICAÇÃO	Mensagem e significado pretendido

Fonte: Elaborado com base em Kotler; Keller, 2006.

Como se vê no quadro, o emissor e o receptor estão em pontos diferentes, sendo o emissor quem **emite** a mensagem ao receptor que, por sua vez, a **recebe**. A eficácia da mensagem perpassa os veículos de comunicação e terá sucesso quando produzir uma resposta desejável ao receptor.

A mensagem é o conteúdo daquilo que é dito, escrito ou transmitido por símbolos ou sinais, e seu objetivo é gerar reações e comportamentos. Pode ser transmitida pela voz, por um texto, por um desenho, por gestos, movimentos e expressões faciais ou por meios eletrônicos. Todos esses elementos, em alguma medida, fazem parte do gerenciamento de processos.

Nas empresas, os gerentes são responsáveis por buscar a interação com os diferentes tipos de públicos. Diante das particularidades de cada grupo, isso pode ser um dos desafios a serem enfrentados pelos gerentes, e a comunicação é uma das possíveis soluções (e habilidades) que precisam ser desenvolvidas por esses profissionais.

O tipo de linguagem, quando não usado de maneira correta, é tido como uma barreira na comunicação. Esse e outros elementos comunicacionais podem distorcer e prejudicar o processo de comunicação. Chaves et al. (2014) elencam algumas características negativas ou barreiras encontradas no emissor, como o uso da linguagem, a escolha do canal, o tom de voz inadequado etc.; e no receptor, a desatenção, a impaciência, a pressa, a tendência em avaliar e julgar etc. Além desses fatores, é preciso considerar o próprio ambiente.

Figura 4.5 Desenvolvimento de projetos na comunicação

O processo de comunicação precisa estar adequado ao ambiente organizacional. Chaves et al. (2014) afirmam que "compreender um projeto é o fator-chave que pode determinar o sucesso ou o fracasso do mesmo. A compreensão equivocada ou apenas parcial dos objetivos de um projeto certamente significará, ao final, fracasso ou insatisfação".

O processo de planejamento das comunicações determina as necessidades de informações e comunicações das partes interessadas. O planejamento envolve a identificação e definição das informações: quais são e quem precisa delas; quando precisarão e com qual frequência; como serão fornecidas e por quem. Embora todos os projetos compartilhem a demanda de comunicar informações, as necessidades das informações e os métodos de distribuição variam significativamente. Identificar as demandas de informação dos interessados e determinar uma forma de atendê-las são ações importantes para o sucesso do projeto.

Com isso, compreender as características e as formas de desempenhar uma boa comunicação é uma forma de evitar erros e fracassos no desenvolvimento de projetos de comunicação. Além do mais, há a responsabilidade dos gerentes quanto ao gerenciamento desses projetos.

Na elaboração do processo de gerenciamento de troca de informações ou gerenciamento de comunicação em projetos, são executados planos e relatórios e são realizadas reuniões. De acordo com o relatório do *Project Management Body Of Knowledge* (PMBOK), de 2004, nesse universo de possibilidades, o gerenciamento da comunicação tem algumas funções, como:

- determinar as necessidades de informações e comunicação das partes interessadas no projeto;
- colocar as informações necessárias à disposição das partes interessadas no projeto no momento adequado;
- coletar e distribuir as informações sobre o desempenho, incluindo relatório de andamento, medição do progresso e previsão;
- gerenciar as comunicações para satisfazer os requisitos das partes interessadas no projeto e resolver problemas com elas.

É inerente ao trabalho de planejamento e execução dos projetos de uma organização o uso de cronogramas que definem etapas, marcos possíveis, tempos para execução, entre outras informações importantes para o desenvolvimento de um projeto.

Para trabalhar com um bom nível de utilização de *softwares* destinados a esse fim, é preciso desenvolver a aplicação das competências essenciais para um bom gerente de projeto, tais como gerenciamento do escopo, gerenciamento das pessoas e recursos envolvidos, gerenciamento de custos e uma série de outros pré-requisitos imprescindíveis.

Exemplificando

Elaborar um processo de comunicação de marketing não é tarefa fácil, tendo em vista o contexto extremo de competitividade entre as empresas. Os consumidores mudaram e já não estão satisfeitos com os métodos adotados pelos veículos tradicionais, que, de certa forma, acabam reproduzindo as mesmas mensagens. Por isso, buscando um diferencial, a promoção e o patrocínio de eventos têm obtido resultados, principalmente quando se trata de eventos musicais e com os jovens como público-alvo. Exemplos são: Tim Festival, Skol Beats e Coca-Cola Vibezones.

O gerenciamento de processos é um importante instrumento a ser explorado na comunicação. No caso da administração pública, ele tem assumido um caráter fundamental, e as empresas começam a estabelecer as metas a serem alcançadas com a ajuda dessas medidas, que visam fortalecer a imagem dos negócios.

O ato de comunicar em um projeto é muito mais do que simplesmente o envio de um e-mail esporádico ou a realização de uma reunião sem pauta e sem ata. Comunicar é a arte do ser humano se fazer compreender, vender uma ideia, dar uma explicação, ensinar aos outros, transmitir conhecimento. A comunicação apoia a tomada de decisões e agrega aliados, mas, ao mesmo tempo, se é mal entendida e mal elaborada, conquista inimigos.

De acordo com Souza e Rodrigues (2012), o gerenciamento das comunicações do projeto refere-se aos processos necessários para assegurar que as informações sejam geradas e distribuídas de maneira oportuna e apropriada. Além disso, o ambiente de projetos requer cuidados com a comunicação, sendo este um aspecto essencial para o projeto fluir de forma harmônica e no tempo esperado.

> O gerenciamento das comunicações do projeto compreende cinco processos para assegurar que a geração e a distribuição das informações sejam realizadas adequadamente, quais sejam: identificar as partes interessadas; planejar as comunicações; distribuir as comunicações; gerenciar as expectativas das partes interessadas; reportar o desempenho. (Souza; Rodrigues, 2012, p. 93)

O que percebemos é que a ausência de um plano de comunicação em um projeto pode criar barreiras na comunicação, o que evidencia a importância da própria comunicação em projetos. De certo modo, o plano pode vir a assumir a condução das atividades e acompanhar o desenvolvimento dessas ações estabelecidas.

As formas de gerenciamento também devem estar alinhadas com o projeto a ser desenvolvido, pois a ideia é alcançar resultados administrados por gestores no presente e no futuro. Assim, é necessária uma atualização dos modos de gerenciamento: substituir os modelos antigos pelos que observam as tendências de desenvolvimento gerencial.

Vieira (2004) afirma que isso inclui reconhecer novas formas de gerenciamento da comunicação nas organizações, ou seja, aprender a lidar com situações que surjam no decorrer dos avanços e do sistema de aprendizagem. A ideia da comunicação organizacional contempla um trabalho compartilhado, de colaboração ambiental. E, claro, alguns profissionais são indispensáveis nesse processo de gestão da comunicação, como os de relações públicas.

Além do gerenciamento e do planejamento na comunicação, Vieira (2004) destaca como a comunicação tem sido valorizada pelas organizações nos últimos anos. No entanto, o autor chama a atenção para os tabus e os desafios que a área ainda enfrenta:

> é preciso ainda derrubar uma série de tabus e, sobretudo, democratizar as estruturas formais das organizações, que se caracterizam por uma hierarquia rígida e autoritária. O desafio é quebrar barreiras através da comunicação, especialmente a organizacional. [...] O desafio, do ponto de vista da comunicação, será o gerenciamento em todos os níveis e de forma integrada, definindo sua filosofia global e tendo este conceito maior valorizado e adequado às ações específicas, promovendo confiança e credibilidade nas formas de relacionamento organizacional. (Vieira, 2004)

Não só a administração pública, mas também a própria gestão e outras áreas vêm ganhando destaque diante da melhoria dos serviços. As investigações acadêmicas sobre assunto têm crescido, com a expectativa de registrar esses casos em números, contribuindo com a consolidação de projetos nesse setor.

Perguntas & respostas

Mas você sabe como identificar se a comunicação nas organizações está acontecendo de forma adequada?

Nas organizações, as mensagens precisam alcançar o receptor de maneira eficaz, isto é, com envio correto, direto e compreensível. Se a comunicação chegar até essas pessoas e sem ruídos na mensagem, certamente, a organização está no caminho certo.

O progresso desejado por todas as empresas requer de seus executivos ações rápidas e proativas, que levem a organização a novos produtos, a novos mercados e ao sucesso em seus empreendimentos. Para isso, são necessários muito conhecimento e trabalho, assim como a escolha correta das práticas gerenciais que serão executadas com eficiência.

Uma das ferramentas de administração mais indicadas e voltada para empreendimentos nas empresas é a metodologia do gerenciamento de projetos contida no PMBOK. Como sabemos, de forma geral, as empresas vivem de projetos, mesmo aquelas cujo produto não seja gerado por projeto.

Nesse sentido, percebemos a relevância da gestão da comunicação nas corporações. Ela é um elemento-chave nesse processo e, inclusive, consegue conectar diferentes áreas do conhecimento, uma vez que esse campo é responsável por levar a informação, atualizá-la e transmiti-la aos diferentes *stakeholders*, dando a conhecer os avanços físicos e financeiros de um projeto.

Portanto, a comunicação deve ser entendida como uma ferramenta facilitadora na gestão de processos e projetos da comunicação. Há pessoas que relacionam os erros ocorridos em projetos e outros trabalhos oriundos de falhas da comunicação. A busca de conhecimentos técnicos e teóricos pode ajudar no aprofundamento e na aplicabilidade do assunto.

Exercício resolvido

Em uma empresa, durante a reunião entre colaboradores, um coordenador de um dos setores sugeriu que a comunicação administrativa fosse implementada no ambiente corporativo. Atualmente, as equipes já utilizam a comunicação integrada, todavia, a comunicação administrativa ainda não está em uso. Marque a alternativa que melhor explica o que significa a comunicação administrativa nas empresas.

a) A comunicação administrativa pode ser definida como o tipo ou o processo de comunicação que acontece no contexto de qualquer organização, seja pública, seja privada.
b) Esse tipo de comunicação é responsável por reunir os hábitos, os comportamentos, as crenças, os valores éticos e morais e as políticas internas e externas de uma empresa.
c) Essa comunicação é considerada o indicador de satisfação dos membros de uma empresa em relação a diferentes aspectos da cultura ou realidade aparente da organização.
d) A comunicação administrativa desempenha o papel de dar clareza aos processos e procedimentos dentro de uma empresa, com funções mais ligadas ao setor de recursos humanos.

Gabarito: D

Feedback do exercício: A comunicação administrativa desempenha o papel de dar clareza aos processos, isso porque ela também auxilia na organização da comunicação e do cotidiano de uma empresa. Na prática, todos esses conceitos estão correlacionados, no entanto, nenhum deles define o que é a comunicação administrativa.

Assim, a análise dos requisitos das comunicações resulta no conjunto das necessidades de informações das partes interessadas no projeto. Esses requisitos são definidos a partir da combinação do tipo e do formato dessas informações.

Os recursos de um projeto são gastos somente com a comunicação das informações que contribuem para o sucesso dele ou para os pontos em que uma falta de comunicação pode conduzir ao fracasso. Um componente importante do planejamento das comunicações do projeto é determinar e limitar quem se comunicará com quem e quem receberá quais informações. As informações normalmente necessárias para determinar os requisitos das comunicações do projeto incluem:

- organogramas;
- organização do projeto e relações das responsabilidades entre as partes interessadas;
- disciplinas, departamentos e áreas de especialização envolvidas no projeto;
- logística: quantas pessoas serão envolvidas no projeto e em que locais;
- necessidades internas de informações (por exemplo, a comunicação nas organizações);

- necessidades externas de informações (por exemplo, a comunicação com as empresas contratadas ou com os meios de comunicação);
- informações sobre as partes interessadas.

Figura 4.6 Elaboração de projetos na comunicação

Michele Rinaldi/Shutterstock

Em um mercado de trabalho cada vez mais competitivo, a comunicação não é apenas um diferencial estratégico, mas também uma necessidade humana, profissional e gerencial para conduzir mecanismos, processos, projetos e atividades no ambiente empresarial.

Ao longo deste capítulo, destacamos o quanto a comunicação precisa ser objetiva e clara, respeitando-se os limites estipulados por agentes que definem o negócio, seja de um projeto ou organização. As organizações que apresentam uma comunicação mais eficaz garantem seu espaço no mercado e, consequentemente, obtêm resultados mais satisfatórios, assegurando a satisfação dos clientes. Por esse motivo, tem surgido uma grande demanda de incentivo a pesquisas que levem em consideração a procura por formas de melhoria das práticas desenvolvidas no processo de comunicação.

A comunicação empresarial é hoje um dos pilares da construção da imagem de uma empresa, pois assume um papel estratégico ao liderar mudanças e facilitar a interação da companhia com seus públicos. Certamente, é positivo saber analisar, planejar, ouvir e agir de acordo com as necessidades das empresas, valorizando produtos, marcas e funcionários. Assim, torna-se possível a criação de um plano eficiente voltado à comunicação empresarial e ao sucesso da empresa.

Além disso, a área da comunicação estudada tem um papel importante na "administração de percepção" e na leitura do ambiente social da organização. Nessa perspectiva, várias pesquisas, propostas e ferramentas vêm contribuindo para a análise dos planos de negócios da organização, identificando problemas e oportunidades no campo da comunicação para garantir o sucesso da empresa no mercado.

Síntese

- Comunicação integrada: Área que, como o próprio nome diz, integra. Ela é capaz de reunir diversas áreas, como o planejamento, a análise e a execução de tarefas, em ações destinadas ao marketing e à comunicação. A comunicação integrada faz parte de um conjunto de ações.

- Comunicação organizacional: Trabalha com a comunicação integrada. Em conjunto, acionam outras subáreas e outros profissionais. Um traço característico da comunicação organizacional é que ela busca integrar diferentes segmentos no foco principal, que é a organização.
- Cultura e clima organizacional: Responsável por reunir os hábitos e os comportamentos, as crenças, as histórias, entre outras características de uma empresa. Uma boa cultura pode influenciar os funcionários e ajudá-los em seu crescimento profissional.
- Comunicação administrativa: Tipo de comunicação que está relacionado com o setor de recursos humanos. Considerada o cotidiano da administração, ela envolve áreas como o planejamento de estruturas técnico-normativas.
- Comunicação interna: Responsável por convencer os funcionários quanto às ideias e aos objetivos que possam fortalecer os negócios empresariais. Seu papel também é motivar e integrar as equipes de trabalho.

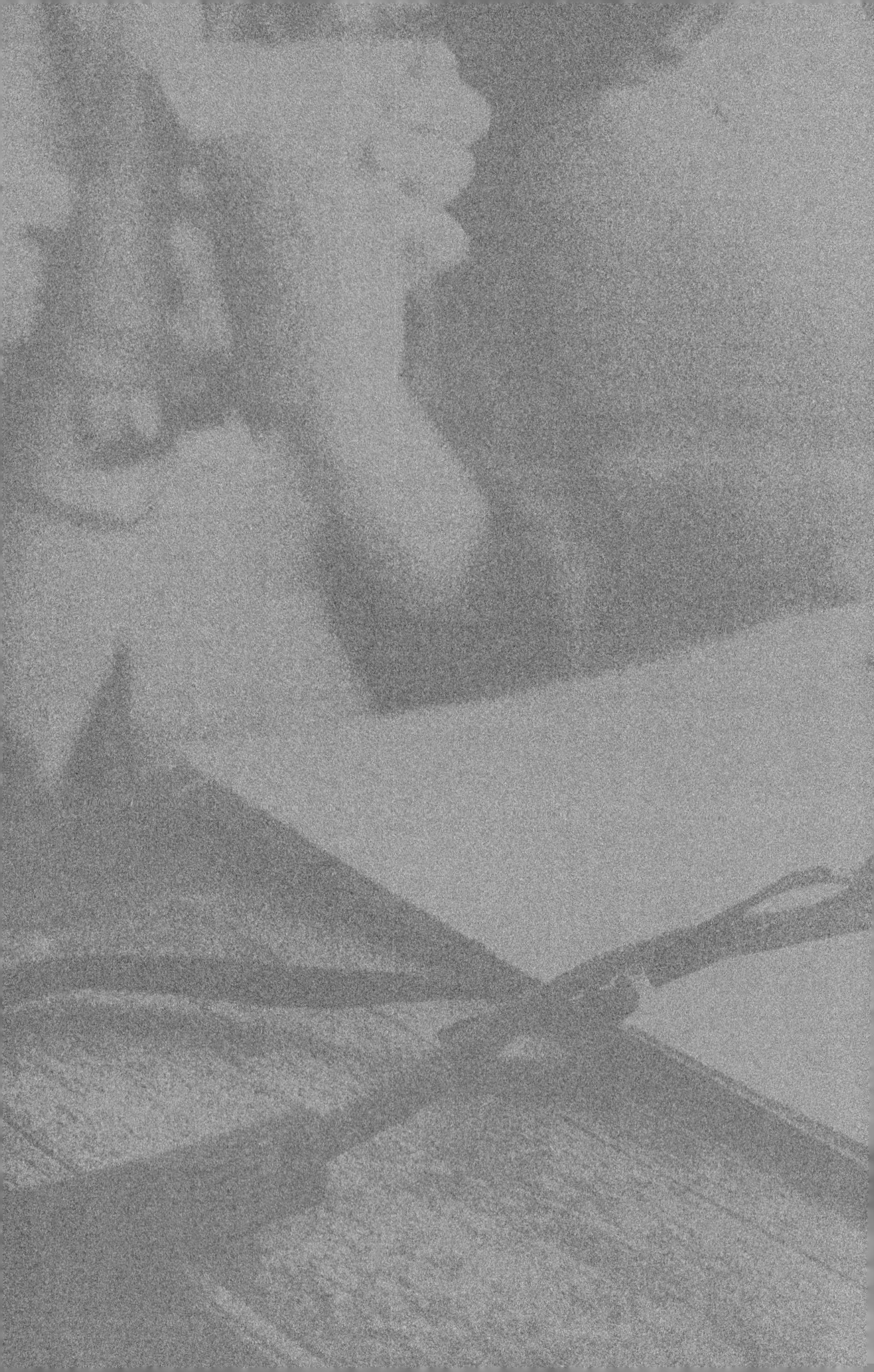

5
A comunicação ao longo do tempo

Conteúdos do capítulo

- Planejamento.
- Plano de marketing.
- Plano de comunicação.
- Planejamento de mídia.
- Pensamento estratégico e ferramentas de comunicação.

Após o estudo deste capítulo, você será capaz de:

1. entender a importância da comunicação ao longo do tempo;
2. definir planejamento;
3. identificar as etapas a serem construídas em um planejamento;
4. compreender a estrutura do plano de comunicação e de mídia;
5. entender a importância de estabelecer uma estratégia e escolher as ferramentas mais adequadas a cada plano de comunicação.

A comunicação sempre esteve presente na vida da humanidade e, por isso, é intrínseca a qualquer atividade que se possa desenvolver. Seu caráter bilateral é necessário para pensar em quem vai receber a mensagem e como ela poderá ser usada por quem a recebe.

Nesse sentido, no caso do atendimento publicitário, o planejamento é parte fundamental do trabalho, pois é o momento em que se definem e se elencam as informações úteis para que o setor de criação desenvolva o que o cliente quer transmitir, além da apresentação de uma proposta de valor e da forma como a mensagem será comunicada para o público-alvo.

É preciso também definir as estratégias de acordo com a realidade da empresa/produto, o que refletirá nas ferramentas de comunicação a serem trabalhadas conforme o objetivo que se quer alcançar descrito no planejamento.

5.1
Planejamento

Na história da humanidade, é possível constatar que o ato de comunicar com o outro é uma das necessidades básicas do homem. Para isso, são utilizados diversos tipos de códigos, sinais e gestos. "A comunicação não é uma atividade nova entre os seres humanos. Comunicar tem origem no latim *communicare*, que é o ato de fazer saber, tornar comum, participar, estabelecer ligação, unir, ligar" (Zenone; Buairide, 2011, p. 37).

Para atingir seu objetivo, o homem sempre buscou se comunicar da melhor forma, utilizando estratégias próprias de cada época. Com o passar do tempo, surgiram os meios de comunicação tradicionais, como a televisão, o rádio e o jornal impresso. Na década de 1990, a internet se desenvolveu no Brasil, mudando a forma de distribuir e consumir conteúdo em razão da diversidade de canais e formas de comunicar algo.

Na sociedade em rede em que vivemos, a comunicação se tornou uma ação em rede, em que todos se comunicam e encontram espaço para isso. Tendo isso em vista, Castells (1999) define o conceito de *sociedade em rede* da seguinte forma:

> O resultado foi a descoberta de uma nova estrutura social que estava se formando, que conceituei como a sociedade em rede por ser constituída por redes em todas as dimensões fundamentais da organização e da prática social. Além disso, embora as redes sejam uma antiga forma de organização na experiência humana, as tecnologias digitais de formação de redes, características da Era da Informação, alimentaram as redes sociais e organizacionais, possibilitando sua infinita expansão e reconfiguração, superando as limitações tradicionais dos modelos organizacionais de formação de redes quanto à gestão da complexidade de redes acima de uma certa dimensão. Como as redes não param nas fronteiras do Estado-nação, a sociedade em rede se constituiu como um sistema global, prenunciando a nova forma de globalização característica do nosso tempo. (Castells, 1999, p. 3)

No contexto da publicidade, que tem perfil de comunicadora de novas linguagens com o objetivo de despertar emoções, ela desempenha papel fundamental na comunicação atualmente. Assim, para atuar na publicidade, é preciso entender como as pessoas se comunicam, a fim de que o processo de linguagem seja compreendido em cada contexto diferente.

> O publicitário é um comunicador, sujeito que assume o discurso da comunicação, com sua natureza de redesenho dos discursos sociais em circulação. Como enunciatário dos discursos sociais, terá que ter a sensibilidade necessária para reelaborá-los, objetivando a divulgação de um produto, de um serviço, uma ideia ou um comportamento e respeitando o universo social de seus enunciatários. Desse modo ele conseguirá êxito, pois será capaz de construir, no encontro, um território afirmativo, que possibilitará variadas articulações por parte do enunciatário, no percurso da interpretação. (Baccega et al., 2007, p. 4)

Essa nova comunicação exige que o publicitário se reposicione e pense em seu papel nesta sociedade complexa e efêmera.

Para a concretização de trabalhos em uma agência de publicidade, o plano de comunicação deve abranger todas as informações úteis para o setor de criação conseguir entender o que o cliente deseja transmitir. É preciso definir estratégias e metas com o objetivo de assegurar a implementação das ações em busca de resultados compatíveis com a ideia principal do cliente.

É no plano de comunicação que são estabelecidas a proposta de valor e a forma pela qual os valores, a missão e o objetivo da empresa serão comunicados pela mídia escolhida para tal ação. Segundo Tavares e Tavares (2007, p. 96), o plano de comunicação é o "processo pelo qual objetivos, metas, estratégias de comunicação, planos de ação controle e avaliação e investimento otimizam o negócio do cliente". Portanto, são ideias que precisam ser bem planejadas para que os erros sejam minimizados e a tomada de decisão seja concretizada de maneira eficiente.

Antes de tudo, o planejamento auxilia a entender a realidade, a avaliar os caminhos e a definir estratégias para médio e longo prazos. "É um processo desenvolvido para o alcance de uma situação desejada de um modo mais eficiente, eficaz e efetivo, com a melhor concentração de esforços e recursos pela empresa" (Dantas, 2015, p. 66).

Dantas (2015) ainda afirma que o planejamento precisa considerar três aspectos relevantes para reduzir os riscos. São eles:

1) **Eficiência**: Significa que as empresas e organizações devem empenhar-se em fazer as coisas da maneira mais adequada, resolver problemas da melhor maneira possível, salvaguardar os recursos aplicados, cumprir seu dever perante a sociedade e reduzir os custos.
2) **Eficácia**: Significa que as empresas e organizações devem esforçar-se para fazer as coisas certas, produzir alternativas criativas, maximizar a utilização de recursos, obter resultados e aumentar o lucro. A eficácia depende da capacidade da empresa de identificar oportunidades e necessidades do ambiente e de sua flexibilidade e adaptabilidade, com vistas a atender às necessidades identificadas no ambiente.
3) **Efetividade**: "significa que as empresas e organizações devem se manter no ambiente em que atuam de modo competitivo e apresentar resultados globais positivos ao longo do tempo, permanentemente" (Dantas, 2015, p. 66-67).

O ato de planejar resulta em diversas ações com foco em mercado, público e produto. No âmbito da agência, "além do planejamento estratégico e seus planos de ação, a função deve contemplar também o planejamento de comunicação e o planejamento de mídia, com seus planos atrelados, definidos a partir de do planejamento de marketing de seus clientes" (Dantas, 2015, p. 68).

Para saber mais

No planejamento, é preciso seguir algumas regras que favoreçam o trabalho final, como redigir o texto sempre na primeira pessoa do plural, por exemplo: "**Nós**, da agência BYX, planejamos executar as ações de tal forma" (Paiva, 2017, grifo nosso). Para saber um pouco mais sobre isso, a assista ao filme *Obrigado por fumar* (2005), do diretor Jason Reitman.

Sant'Anna, Rocha Júnior e Garcia (2016) acrescentam que o planejamento deve contemplar o curto e o longo prazos para atender de forma mais abrangente o mercado. "O planejamento deve ser o pivô que centraliza, coordena e integra todos os fatores necessários à realização dos objetivos mercadológicos e de propaganda" (Sant'Anna; Rocha Júnior; Garcia, 2016, p. 106).

> Até passado recente, era concebível imaginar um planejamento mercadológico gerado apenas a partir do departamento de marketing ou comercial para, somente depois de ele estar definido ser concebido um planejamento de comunicação. Atualmente, na era da comunicação integrada, é comum encontrar esforços que se definem quase que simultaneamente, entendendo que tudo comunica: o nome, a marca,

a embalagem, o próprio design do produto, os veículos de transporte dos produtos, a determinação e a ambiência dos pontos de venda, as características dos vendedores e promotores, o serviço de atendimento ao cliente (SAC), os canais institucionais da organização (principalmente seu site e demais canais em redes sociais). (Sant'Anna; Rocha Júnior; Garcia, 2016, p. 106)

Nesse contexto, o profissional de atendimento de uma agência é o responsável pela elaboração do planejamento, pois é preciso ter conhecimento das técnicas de comunicação e das opções de sua utilização, de modo a desenvolver o plano de ação mais efetivo.

O planejamento é importante principalmente porque provoca modificações em pessoas, tecnologia e sistemas. Portanto, deve-se considerar que o planejamento é condição básica para o sucesso de qualquer trabalho que procure a melhoria da qualidade, e deverá ser feito nas diversas etapas da cadeia de fornecimento de um produto ou serviço, isto é, desde a pesquisa de mercado, o projeto e o fornecedor, até o local em que esse item é oferecido ao consumidor ou cliente. (Dantas, 2015, p. 67)

O plano de marketing é o pontapé inicial para um planejamento estratégico e ajuda a fortalecer a marca e entregar o produto e serviço ao cliente ideal. Sua formatação poderá ajudar a empresa conquistar o sucesso que almeja.

5.1.1
Plano de marketing

De acordo com o setor, o serviço e o produto, no plano de marketing, as metas a serem alcançadas podem variar.

Segundo Gabriel e Kiso (2020), o plano de marketing pode contemplar o estratégico e o tático:

> O aspecto estratégico na análise da situação e das oportunidades do mercado, determinando as estratégias a serem desenvolvidas. Por outro lado, o aspecto tático se refere às ações operacionais a serem executadas em decorrência das estratégias determinadas, como precificação, determinação de canais, contratação de agências e fornecedores para executar as ações, etc. (Gabriel; Kiso, 2020, p. 44)

A partir da definição do plano de marketing, há várias etapas a serem seguidas para formatá-lo:

1) Introdução;
2) Análise do macroambiente;
3) Análise do microambiente: mercado, concorrência e público-alvo;
4) Análise do ambiente interno/produto;
5) Matriz SWOT (strengths, weaknesses, opportunities and threats, do inglês). Em português, muitos a traduzem por FOFA, que significa: Forças, Oportunidades, Fraquezas e Ameaças;
6) Objetivos e metas de marketing;
7) Estratégicas de marketing (4Ps);
8) Planos de ação (tático-operacionais);
9) Orçamentos e cronogramas;
10) Avaliação e controle. (Gabriel; Kiso, 2020, p. 44)

Para iniciar, é necessário fazer um resumo do plano de marketing, apresentando os motivos e os objetivos da elaboração desse tipo de documento. "É importante que a introdução dê uma visão geral sobre o plano, de modo que quem leia saiba exatamente o que motivou a elaboração dele, quais os objetivos a serem alcançados (ou problemas a serem resolvidos), principais análises e resultados e estratégias propostas" (Gabriel; Kiso, 2020, p. 45).

Nessa parte, devem constar: qual é a empresa ou o produto; os principais motivos que justificam a elaboração do plano; os objetivos mais importantes do plano; os principais fatos e análises do plano; e as estratégias de marketing a serem implantadas.

Outra ação importante é analisar o macroambiente e os possíveis impactos que podem exercer sobre a empresa/produto.

> É importante relembrar que os acontecimentos nas variáveis do macroambiente inicialmente são neutros – não são nem bons nem ruins. [...] Assim, o intuito nessa etapa do plano de marketing é levantar todos os fatores que possam representar oportunidades e ameaças para a empresa/produto, de modo a utilizá-los na análise SWOT. (Gabriel; Kiso, 2020, p. 45)

A análise é uma técnica dentro do planejamento estratégico para auxiliar as pessoas ou organizações a identificar vários pontos importantes, como mostra o quadro a seguir.

Quadro 5.1 Modelo da Matriz SWOT

Positivas	Internas		Negativas ou potencialmente negativas
	Pontos Fortes	Pontos Fracos	
	Oportunidades	Ameaças	
	Externas		

Fonte: Hofrichter, 2017.

Após o estudo da empresa e dos ambientes que a influenciam e são influenciados por ela, "o planejador já deve ter percebido que o cliente apresenta problemas. E é aí que se mostra necessário buscar sistematizar suas análises, construindo um diagnóstico e um prognóstico" (Sant'Anna; Rocha Júnior; Garcia, 2016, p. 114).

O que é?

Diagnóstico: "Diagnosticar é, em termos mais simples, informar a situação atual da empresa e do produto. Certamente, o planejador não é capaz de fazer afirmações a respeito de uma série de pontos fortes e problemas a resolver antes de ter estudado todos os ambientes, mesmo que já possua uma boa ideia do que deve ser feito. O diagnóstico é uma espécie de fotografia cujas características são identificadas pelo pesquisador ou planejador" (Sant'Anna; Rocha Júnior; Garcia, 2016, p. 114).

Prognóstico: "Prognóstico é a projeção de uma situação. Na verdade, de um conjunto de situações que, quando constam no mesmo conjunto, chamamos de cenário. Então, o prognóstico é a projeção de um ou alguns cenários. Um bom prognóstico sintetiza a questão: o que tende a ocorrer com minha marca (produto/serviço) se os fatores continuarem como estão se projetando?" (Sant'Anna; Rocha Júnior; Garcia, 2016, p. 114).

A etapa que engloba o microambiente abarca o mercado, a concorrência e o público-alvo. Segundo Gabriel e Kiso (2020, p. 46), o mercado se refere à atuação da empresa/produto: "Essa análise é fundamental para fornecer informações sobre oportunidades e ameaças provenientes do mercado".

A respeito da concorrência, deve-se buscar entender os principais atuantes do setor por meio de levantamento de informações sobre ameaças e oportunidades para a empresa/produto analisado. E, "quando falamos em consumidor, entramos no ponto mais importante de quase todos os planejamentos. Tudo que é planejado, arquitetado, investido e executado é para a conquista e/ou manutenção de mercados – ou seja, de grupos de consumidores" (Sant'Anna; Rocha Júnior; Garcia, 2016, p. 111).

A etapa seguinte, da análise do ambiente interno/produto, busca encontrar as fraquezas e as forças da empresa/produto, para que seja feita uma avaliação de competências por meio da matriz SWOT.

> Os levantamentos de dados desenvolvidos nesse estágio do plano de marketing devem apresentar uma "fotografia" da situação atual da empresa/produto. Esses dados mostrarão [...] o que deverá ser modificado e/ou implementado nas estratégias dos 4Ps. (Gabriel; Kiso, 2020, p. 48)

Após essas etapas, é feita a análise SWOT para que sejam traçados os objetivos e as metas de marketing. "Com a análise SWOT e o público-alvo em mente, determinam-se nessa etapa os objetivos de marketing, incluindo metas quantificáveis no tempo. [...] Determinam-se os objetivos que devem ser alcançados pelas estratégias a serem desenvolvidas" (Gabriel; Kiso, 2020, p. 48).

Já nas estratégias de marketing, são detalhados os "quatro pês" (produto, preço, praça e promoção) propostos como estratégia. Logo após, é traçada a estratégia que será operacionalizada, incluindo orçamento e cronogramas a serem cumpridos. Por fim, avalia-se o plano.

> Todas as ações do plano de marketing devem ser passíveis de mensuração por indicadores que possibilitem controle e avaliação para possibilitar futuros ajustes. [...] Todas as avaliações resultantes do controle do plano, o que deu certo, o que deu errado o que pode ser melhorado, devem ser anotadas nessa seção, de modo a orientar futuros de marketing sobre o mesmo produto/empresa fazendo-se os ajustes necessários.
> (Gabriel; Kiso, 2020, p. 52)

Exercício resolvido

O plano de marketing é considerado um fator primordial na empresa, pois ele orienta e controla as ações de marketing. É nele que são detalhadas as ações necessárias para atingir os objetivos geral e específicos traçados anteriormente. Pode ser elaborado para um produto, um serviço e para a própria marca/empresa. Com ele, será possível pensar na forma de divulgar a marca. Com relação a esse plano, assinale a opção correta.

a) Um dos pontos-chave do planejamento de marketing é analisar a rentabilidade mercadológica, pois o planejamento é oriundo de um plano tático da empresa, que monitora as vantagens competitivas do produto ou serviço.

b) No plano de marketing estratégico, as metas e os objetivos específicos da empresa devem trazer novas formas de comercialização, abordagens para divulgar o produto/serviço, preços, canais e serviços, com o intuito de alcançar o maior número possível de segmentos-alvo.

c) O planejamento de marketing programa a gestão empresarial de forma mais rigorosa, com base no lucro e no crescimento do público-alvo almejado.

d) Os planos são anuais e controlados pelos departamentos de marketing com o objetivo de avaliar se a estratégia de marketing da empresa é adequada às condições de mercado.

Gabarito: B

***Feedback* do exercício**: Um plano de marketing deve abranger os "quatro pês", sempre buscando inovar com o intuito de alcançar o maior número de pessoas com interesse na empresa/produto. Ao abordar maneiras para comercializar o produto/serviço e que tipo de propaganda será trabalhada, os canais a serem divulgados e os serviços ofertados, o planejamento de comunicação torna-se mais completo e facilita o alcance da mensagem ao público certo.

O plano de comunicação se insere nesse universo, sendo a principal ferramenta utilizada na elaboração de processos e métodos para obter resultados satisfatórios de uma empresa/produto.

5.2
Plano de comunicação

Pensar um plano de comunicação é planejar o fortalecimento de uma marca com o objetivo de entregar seus produtos ou serviços a clientes em potencial. A ideia principal é saber como a empresa irá se conectar com seu público utilizando as melhores estratégias.

O primeiro passo é ter um *briefing* bem elaborado para que sejam traçados os objetivos, o público-alvo, o orçamento, as estratégias e ações, o cronograma, a execução e avaliação, conforme vimos anteriormente.

> **O que é?**
>
> ***Briefing***: "o conjunto das informações preliminares contendo todas as instruções que o cliente fornece à agência para orientar seus trabalhos. É com base nele e nas informações de pesquisas que se esboça o planejamento publicitários" (Sant'Anna; Rocha Júnior, 2016, p. 115).

Tavares e Tavares (2007, p. 96) explicam que o plano de comunicação é o "processo pelo qual objetivos, metas, estratégias de comunicação, planos de ação de controle e avaliação e investimento otimizam o negócio do cliente". Isso tudo para que os possíveis erros sejam eliminados e as decisões sejam tomadas de maneira mais eficaz.

Assim, o plano de comunicação de marketing deve estar alinhado com os objetivos da empresa e por isso, estes devem ser bem conhecidos pelos envolvidos na implementação do plano. [...] O caminho mais utilizado para e conhecerem os objetivos da empresa é verificar a descrição de sua missão, sua visão e seus valores. Esses tópicos descrevem coerentemente o perfil da empresa. (Públio, 2013, p. 130)

Vale lembrar que um plano de comunicação só será eficaz com a compreensão de suas etapas, ou seja, das formas de execução e do desenvolvimento. É o momento em que se definem o objetivo, o conteúdo básico e as estratégias de comunicação, bem como o investimento.

Ao abordar o objetivo da comunicação, é preciso verificar se ele é viável e se há condições para atingi-lo em sua plenitude.

Exemplificando

O plano de comunicação deve ser bem elaborado para que o produto se torne conhecido e incentive o consumidor a experimentá-lo, demonstrando suas principais vantagens a partir de mecanismos criados que induzam o consumidor a se lembrar de comprar o produto.

O conteúdo precisa ser dirigido para o público-alvo, pois a linguagem e a forma usadas na comunicação influenciam a decisão final do consumidor.

As empresas precisam entender que mais pontos de contato e volume mais alto nas mensagens não se traduzem necessariamente em maior influência. É preciso se destacar da multidão e conectar-se de forma significativa com os consumidores em apenas alguns poucos pontos de contato cruciais. Na verdade, apenas um único momento de prazer inesperado com uma marca é o que basta para transformar um cliente em um fiel advogado da marca. (Kotler; Kartajaya; Setiawan, 2017, p. 78)

Vale lembrar que o consumidor é quem escolhe o que quer comprar, antes de pesquisar sobre determinado produto ou serviço. Kotler, Kartajaya e Setiawan (2017, p. 78) esclarecem que, "com o aumento da mobilidade e da conectividade, os consumidores já dispõem de tempo limitado para examinar e avaliar as marcas". Entender o consumidor facilita o processo de comunicação.

5.2.1
Consumidor na era da conectividade

Vivemos na era da conexão e da convergência. Segundo Jenkins (2008, p. 27), "convergência é uma palavra que consegue definir transformações tecnológicas, mercadológicas, culturais e sociais, dependendo de quem está falando e do que imaginam estar falando". Esse conceito nos ajuda a entender os fluxos da comunicação. Hoje, podemos afirmar que as mídias convergem e conversam entre si, pois, com a internet e as redes sociais, toda história bem contada passa a ser importante para o consumidor, que, então, depara-se com inúmeras mensagens.

> A circulação de conteúdos [...] depende fortemente da participação ativa dos consumidores. Meu argumento aqui será contra a ideia de que a convergência deve ser compreendida principalmente como um processo tecnológico que une múltiplas funções dentro dos mesmos aparelhos. Em vez disso, a convergência representa uma transformação cultural, à medida que consumidores são incentivados a procurar novas informações e fazer conexões em meio a conteúdos midiáticos dispersos. (Jenkins, 2008, p. 27-28)

Jenkins (2008) ressalta que o cenário atual é de conectividade, e as empresas precisam entender o contexto em que está inserido esse consumidor para que a comunicação seja direcionada e mais eficaz. "Procurar novos consumidores significa, ao mesmo tempo, estudar novas características de consumo, hábitos e características dessa população – e é esse entendimento que pode gerar a comunicação adequada para incentivar esse grupo à ação de experiência de consumo do produto" (Sant'Anna; Rocha Júnior; Garcia, 2016, p. 111).

> Além disso, as empresas precisam alavancar o poder de conectividade e de defesa da marca pelo cliente. Atualmente, a conversa ponto a ponto entre consumidores é a forma de mídia mais eficaz. Dada a falta de confiança, as empresas poderiam não ter mais acesso direto aos consumidores-alvo. Como os consumidores confiam em seus correspondentes mais do que nunca, a melhor fonte de influência é o exército de clientes transformados em advogados da marca. Assim, a derradeira meta é encantar os clientes e convertê-los em advogados fiéis. (Sant'Anna; Rocha Júnior; Garcia, 2016, p. 78)

Exercício resolvido

A transformação digital gerou um novo tipo de consumidor: aquele que pesquisa o produto e o serviço desejados, mas espera que a empresa comunique todo tipo de informação por meio do canal pelo qual ele escolheu interagir. Muitas vezes, não acontece a comunicação rápida e direcionada pelo o canal. Com base nessa afirmação, marque a alternativa que apresenta a descrição que **menos** se adequa a esse tipo de consumidor.

a) Uma questão primordial que o consumidor leva em conta é a qualidade do atendimento. Ele espera que o atendimento seja prestativo e rápido, pois não quer ficar esperando por respostas.

b) As empresas estão adaptadas a essa nova realidade e contratam equipes completas para atendimento em diversos canais em que o consumidor está presente.

c) Hoje, o consumidor está conectado, pesquisa e compara preços antes de realizar a compra em um canal digital. Isso porque vivemos no mundo pós-digital, no qual a tecnologia não é mais novidade.

d) O consumidor busca a comunicação humanizada por meio de diversos canais, *off-line* ou *on-line*, porque, por ele ser *omnichannel*, não difere o canal em que busca informação.

Gabarito: B

Feedback do exercício: Mesmo vivendo em uma era pós--digital – quando a tecnologia não é mais novidade, mas faz parte de nossas vidas, muitas empresas ainda não entenderam a importância de ter uma equipe para atuar em diversos canais, pois precisam levar em conta que o consumidor é *omnichannel*, ou seja, está presente em vários canais e tem a opção de escolher onde quer estar.

Por estar mais ativo e presente nas mídias, o público, muitas vezes, recusa-se a simplesmente aceitar o que recebe, insistindo no direito de se tornar um participante pleno. Jenkins (2008) afirma que esse modelo não é novo, pois a visibilidade de hoje é que proporciona um alcance maior da distribuição e do recebimento do conteúdo. Na cultura da convergência, explicada por Jenkins (2008), todos os usuários são participantes – embora os participantes possam ter diferentes graus de *status* e influência.

No que se refere ao aumento da presença do público na produção dos conteúdos dos portais, Jenkins (2008, p. 182, 183) trabalha os conceitos de interatividade e de participação de maneira diferente: "A interatividade refere-se ao modo como as novas tecnologias foram planejadas para responder ao feedback do consumidor. [...] Em quase todos os casos, o que se pode fazer num ambiente interativo é determinado previamente pelo designer"; já a participação é moldada pelos protocolos culturais e sociais, sendo "mais ilimitada, menos controlada pelos produtores midiáticos e mais controlada pelos consumidores de mídia".

Inicialmente, o computador ofereceu amplas oportunidades de interação com o conteúdo das mídias e, enquanto operou nesse nível, foi relativamente fácil para as empresas midiáticas controlar o que ocorria. Cada vez mais, entretanto, a web tem se tornado um local de participação do consumidor, que inclui muitas maneiras não autorizadas e não previstas de relação com o conteúdo midiático. Embora a nova cultura participativa tenha raízes em práticas que, no século XX, ocorriam logo abaixo do radar da indústria das mídias, a web empurrou essa camada oculta de atividade cultural para primeiro plano, obrigando as indústrias a enfrentar as implicações em seus interesses comerciais. Permitir aos consumidores interagir com as mídias sob circunstâncias controladas é uma coisa; permitir que participem na produção e distribuição de bens culturais – seguindo as próprias regras – é totalmente outra. (Jenkins, 2008, p. 183)

Para Jenkins (2008, p. 228), o termo *participação* surgiu como um conceito dominante e, hoje, "os consumidores [...] estão reivindicando o direito de participar da cultura, sob suas próprias condições, quando e onde desejarem. Este consumidor, mais poderoso, enfrenta uma série de batalhas para preservar e expandir seu direito de participar".

Diante desse entendimento, umas das formas de uso do plano de comunicação e de descrever o caminho do consumidor é o modelo AIDA – **A**tenção, **I**nteresse, **D**esejo e **A**ção –, que é usado no marketing para identificar as várias áreas descritas anteriormente.

> Ele serve como um simples checklist ou um lembrete para executivos da publicidade quando criam anúncios
> e para executivos de vendas quando abordam possíveis clientes. O texto publicitário e o discurso de vendas devem chamar atenção, gerar interesse, fortalecer o desejo e, por fim, promover a ação. À semelhança dos quatro Ps do marketing (produto,

preço, ponto de venda e promoção), o modelo AIDA sofreu diversas expansões e modificações. (Sant'Anna; Rocha Júnior; Garcia, 2016, p. 78)

Sant'Anna, Rocha Júnior e Garcia (2016, p. 78) ainda acrescentam que "Derek Rucker, da *Kellogg School of Management*, apresenta uma modificação do AIDA que chama de quatro As: assimilação, atitude, ação e ação nova". Esse modelo busca rastrear o comportamento do pós-compra para entender e medir a retenção dos clientes: "Ele considera uma ação de recompra como um forte sinal da fidelidade do cliente" Rocha Júnior e Garcia (2016, p. 79).

Perguntas & respostas

Como era determinada a atitude do consumidor individual ao fazer compras na era da pré-conectividade, antes da internet? E como ele se comporta hoje, na era pós-digital?

Antes da conectividade, a atitude do consumidor era determinada em função do posicionamento da marca e dos canais onde ela estava, que eram os meios de comunicação tradicionais. Já na era atual, o que mais o atrai o consumidor é a comunidade em que ele vive na internet, pois os comentários e os relatos de outros compradores têm influência em sua decisão final.

Dessa forma, Sant'Anna, Rocha Júnior e Garcia (2016) reescrevem o caminho do consumidor como os "cinco As": assimilação, atração, arguição, ação e apologia. Isso é mostrado na figura a seguir:

Figura 5.1 A mudança do caminho do consumidor em um mundo conectado

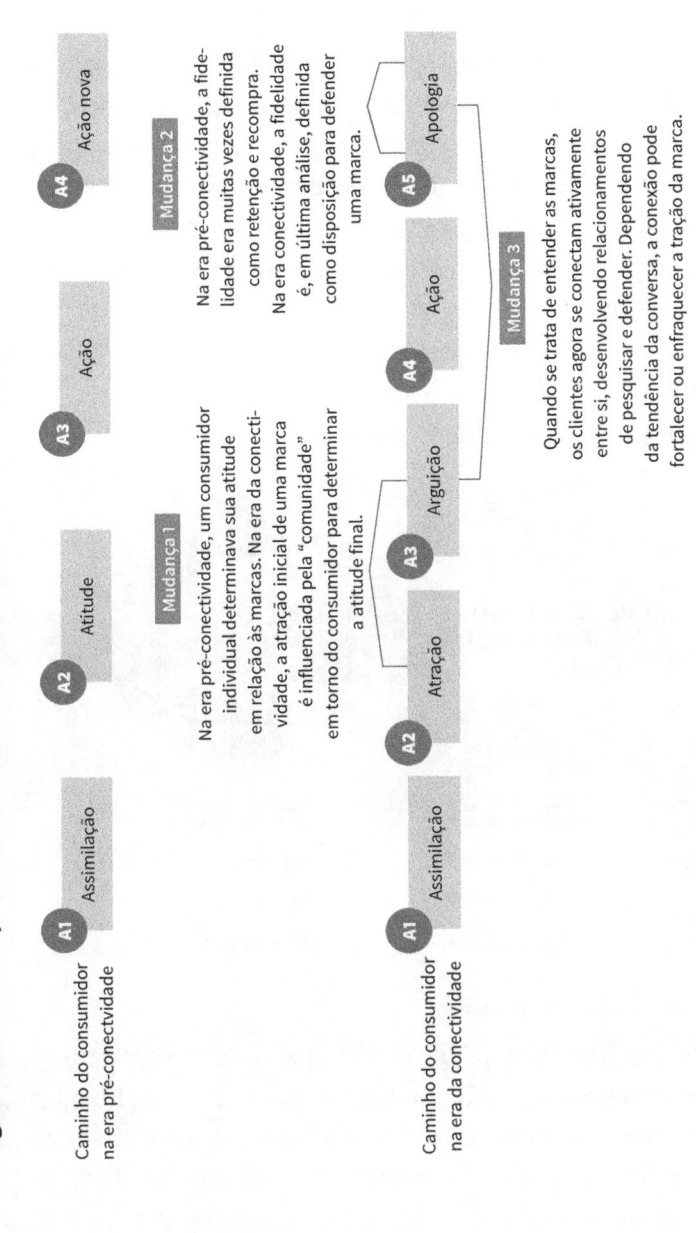

Caminho do consumidor na era pré-conectividade

A1 Assimilação → A2 Atitude → A3 Ação → A4 Ação nova

Mudança 1
Na era pré-conectividade, um consumidor individual determinava sua atitude em relação às marcas. Na era da conectividade, a atração inicial de uma marca é influenciada pela "comunidade" em torno do consumidor para determinar a atitude final.

Mudança 2
Na era pré-conectividade, a fidelidade era muitas vezes definida como retenção e recompra. Na era conectividade, a fidelidade é, em última análise, definida como disposição para defender uma marca.

Caminho do consumidor na era da conectividade

A1 Assimilação → A2 Atração → A3 Arguição → A4 Ação → A5 Apologia

Mudança 3
Quando se trata de entender as marcas, os clientes agora se conectam ativamente entre si, desenvolvendo relacionamentos de pesquisar e defender. Dependendo da tendência da conversa, a conexão pode fortalecer ou enfraquecer a tração da marca.

Fonte: Kotler; Kartajaya; Setiawan, 2017, p. 71.

No plano de comunicação, para cada etapa, é necessário um planejamento na forma de comunicação, pois, como o consumidor está em jornadas distintas, precisa receber o conteúdo mais direcionado a fim de que a ação seja mais assertiva. Isso tudo porque vivemos na era da conectividade e do acesso à mídia. "A fase de passividade da mídia já foi superada. Hoje, o consumidor é extremamente ativo diante dos meios, pratica o *search*, navega, edita e cria sua própria programação de mídia" (Franzão Neto, 2000, p. 19).

Figura 5.2 Ciclo de vida de um cliente

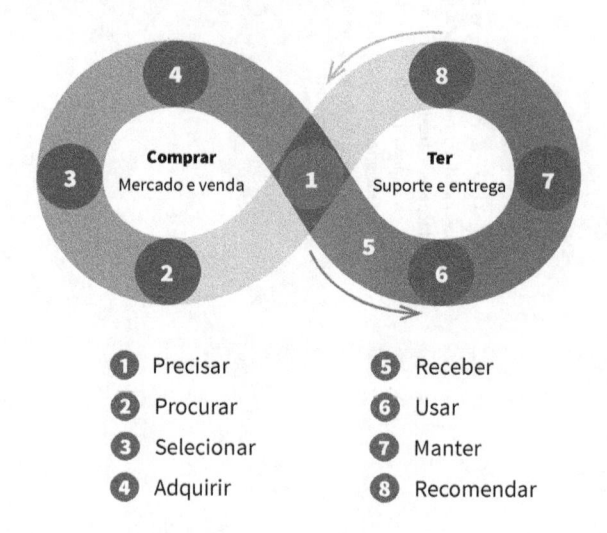

- 1 Precisar
- 2 Procurar
- 3 Selecionar
- 4 Adquirir
- 5 Receber
- 6 Usar
- 7 Manter
- 8 Recomendar

Comprar — Mercado e venda
Ter — Suporte e entrega

Fonte: Zirbes, 2018, tradução nossa.

As características do público principal da empresa podem ser definidas de diversas maneiras, como gênero, localização geográfica, aspectos culturais, religiosos, étnicos, hábitos de compra, estilo de vida e gostos e preferências. Tudo isso deve ser ponderado para que a comunicação atinja o público de acordo com suas características.

Essas informações devem constar no plano de comunicação, apresentando a mensagem e a linguagem a ser utilizada e observando todos esses detalhes do público da empresa/ produto no momento de divulgação. Hoje, a internet propicia muitos meios de encontrar esse público e caracterizá-lo com base em informações mais abrangentes.

Exercício resolvido

Nos dias atuais, as empresas e instituições vêm enfrentando dificuldades para acompanhar de forma eficaz as mudanças no mercado de trabalho, pois ele está em constante transformação, principalmente diante das tecnologias que emergem a todo instante. Assim, em razão disso, o relacionamento com o público pode ser prejudicado. No plano de comunicação, como essa questão deve ser abordada?

a) Devem ser atualizadas as formas de relacionamento com o consumidor ou usuário, a fim de estar presente nas redes sociais e nos ambientes digitais e atender o público nos canais em que ele busca informações.

b) É preciso desenvolver campanhas para as plataformas de propaganda e publicidade nos ambientes *off-line*, com o objetivo de divulgar a marca para o público que está fora da internet.

c) O consumidor deve ser considerado um aliado estratégico, e o plano de comunicação deve contemplar o engajamento social entre seus conhecidos no ambiente *off-line*.

d) As empresas devem ignorar a concorrência, pois a competição não precisa ser levada em conta em um plano de comunicação completo.

Gabarito: A

Feedback do exercício: É preciso identificar onde o consumidor está mais ativo, onde interage, onde posta, a fim de manter um relacionamento com ele, resolvendo problemas e respondendo a eventuais dúvidas. Dessa forma, é possível inserir o consumidor como aliado da marca/empresa/produto ao identificar o canal certo em que ele está presente.

A comunicação e a mídia são áreas distintas, mas se complementam e buscam sempre um resultado satisfatório. Um plano de comunicação bem elaborado permite distribuir o conteúdo ao público adequado, pois o plano é fundamentado e elaborado de acordo com cada grupo de consumidores.

5.3
Planejamento de mídia

No plano de comunicação, há o planejamento de mídia, que é uma etapa estratégica para que a comunicação se efetive no canal certo e atinja o público certo. Essa fase possibilita que a mensagem faça uso dos melhores canais e veículos disponíveis de acordo com o perfil do consumidor.

Escolher as mídias ideais para a empresa/produto requer a análise de uma série de variáveis que apontarão a plataforma com potencial de comunicação para entregar a mensagem com sucesso.

> A função do planejamento de mídia não opera num vácuo. O plano de mídia é um dos muitos componentes do plano de marketing geral, e como tal, interage com outros elementos desse plano em sua totalidade. Esses elementos incluem

características do produto, canais de distribuição, mix de promoção, embalagem e política de preços. Objetivos gerais de marketing (e objetivos em cada uma dessas áreas) são dados vitais para o plano de mídia. Além disso, muitos fatores incontroláveis, como as condições econômicas e de competitividade, têm importantes implicações nas decisões de mídia ao nível do planejamento. (Barban; Cristol; Kopec, 2001, p. 15)

Nesse contexto, é importante elaborar de forma completa o plano de marketing e de comunicação, como visto anteriormente, pois o plano de mídia é o começo da fase de execução.

O que é?

Mídia: Termo originário do inglês, *media*, que, por sua vez, veio do latim e significa "meios". É utilizado para referir aos meios e veículos de comunicação. Os meios de comunicação são a televisão, o rádio, a revista, o jornal, a internet, o cinema etc. (Tamanah, 2006).

Para entender todo esse processo, é preciso pensar a respeito da mídia na sociedade. Segundo Sissors e Bumba (2001, p. 18), "a mídia existe primordialmente para levar entretenimento, informação e publicidade a um amplo público. A mídia deveria ser entendida como um sistema tanto condutor quanto distribuidor. Ela transporta as propagandas e as entrega a indivíduos".

Para cada mídia, há um tipo de consumidor específico com necessidades distintas. E o planejamento de mídia requer que sejam tomadas decisões que respondam a perguntas específicas, como:

- Quantos *prospects* (na compra de um determinado tipo de produto) eu preciso alcançar?;
- Em que meio (ou mídia) devo anunciar?;
- Quantas vezes por mês os virtualmente interessados devem ver cada anúncio?;
- Em que meses os anúncios devem aparecer?;
- Em que mercados e regiões os anúncios devem aparecer?;
- Quanto dinheiro pode ser despendido em cada meio.
- Essas são apena algumas das questões que precisam ser formuladas. E cada uma requer uma resposta precisa e uma decisão. Quando todas as perguntas tiverem sido formuladas e as decisões tiverem sido tomadas, as recomendações e os fundamentos serão organizados em um documento escrito chamado "plano de mídia". O plano, quando aprovado pelo anunciante, se torna um guia técnico para a seleção e uso da mídia. Uma vez aprovado pelo anunciante, o plano também serve como guia para a compra efetiva dos espaços de veiculação na mídia. (Sissors; Bumba, 2001, p. 19)

Para entender todo esse processo de escolha, é necessário compreender como se configuram as classes de mídia e para que servem.

5.3.1
Classes de mídia

As classes de mídias são divididas nas seguintes categorias: mídias de massa, mídia convencional, mídia não convencional e mídia especializada. Sissors e Bumba (2001) conceituam esses termos e pontuam que **mídia de massa** refere-se aos veículos jornais, rádio, revistas e televisão, nos quais a comunicação acontece verticalmente. Quando se trata de mídia de massa, o público não é compreendido em suas características e idiossincrasias.

Já a **mídia convencional** engloba os veículos considerados tradicionais, como revistas, jornais, rádio, televisão e *outdoors*. Já a **mídia não convencional** se refere a quase todo modo inovador de transmitir mensagens publicitárias aos consumidores. "A mídia não convencional funde mensagens publicitárias utilizando recursos que normalmente não são chamados de mídia. Por exemplo, a combinação de revistas e promoções de venda é ocasionalmente chamada de mídia não-convencional" (Sissors; Bumba, 2001, p. 22).

Por sua vez, a **mídia especializada** volta-se para assuntos específicos de interesses únicos. Também é chamada de *mídia de nicho*, em razão do foco de interesse especializado.

Para saber onde veicular e qual veículo de comunicação utilizar, é preciso entender as características de cada meio:

- Televisão aberta: é percebida como meio "mágica", por trazer para dentro do aparelho, em tempo real e ao vivo, a imagem, com movimento e som, de um fato que está acontecendo em outro lugar do mundo;
- Rádio: tem característica de portabilidade por acompanhar o ouvinte em vários locais e momentos, por isso é considerado "companheiro";
- Mídia Exterior: são todos os meios e formas de divulgação de mensagens publicitárias ao ar livre, lugares públicos e estabelecimentos comerciais, tais como *outdoor*, *busdoor*, painéis, etc.
- Jornal: destina-se a um público exigente, crítico, formador de opinião e, quase sempre, fiel ao veículo, pela afinidade com sua postura editorial.
- Revista: é percebida como autoridade e fonte de referência, por sua característica de segmentação editorial em que aborda determinados assuntos em maior profundidade.

- Internet: é a maior difusora de conhecimento, porque permite o acesso à informação e à pesquisa sobre qualquer assunto, de qualquer lugar e a qualquer momento.
- Televisão por assinatura: oferece liberdade de escolha, pois sua programação é segmentada por assunto e gênero, de produção nacional e internacional.
- Cinema: proporciona lazer e entretenimento, por tratar-se de diversão. (Tamanaha, 2011, p. 47)

Diante do exposto, é importante ressaltar que a seleção dos veículos em si é uma das fases mais importantes e, por isso, é preciso entender as características de cada meio e o público que ele alcança.

5.4
Planejamento de mídia

O planejamento de mídia é o momento em que o profissional analisa as informações passadas pelo cliente de modo formal e informal, como peculiaridades do mercado, vendas do produto, concorrência e perfil do público. Esse é o momento primordial para coletar todas as informações do cliente. Segundo Tamanaha (2011), nesse caso, o profissional deve cruzar as informações coletadas com os dados de pesquisa de mídia para, depois, determinar o público-alvo que vai contemplar e, por último, selecionar os meios apropriados.

O planejamento de mídia deve atingir as necessidades de um anunciante em determinado momento, e os objetivos desse planejamento correspondem à situação concreta. "Os planos são feitos sob medida, pois o mercado raramente permanece o mesmo ano após ano. Os concorrentes dificilmente estagnam em suas atividades de marketing. [...] Os consumidores também mudam o comportamento" (Sissors; Bumba, 2001, p. 29).

Quadro 5.2 Escopo das atividades do planejamento de mídia

Problema de marketing:
Todo planejamento de mídia começa com um problema em um contexto de marketing ou publicitário, nacional, local ou *business-to-business*. Como exemplo desse tipo de problema, temos: quanto gastar com publicidade no ano que vem, em quanto aumentar o volume de vendas ou como interromper a queda do *market-share*.

Análise da situação	Plano estratégico de marketing	Plano estratégico de criação
Objetivo: entender o problema de marketing. É feita uma análise da empresa e de seus concorrentes quanto: 1. Ao tamanho do mercado e da participação da empresa; 2. Ao histórico de vendas, custos e lucros; 3. Às práticas de distribuição; 4. Aos métodos de venda 5. Ao uso de publicidade; 6. À identificação de clientes em potencial; 7. À natureza do produto.	Objetivo: planejar as atividades que deverão solucionar um ou mais problemas de marketing. Inclui determinar: 1. Os objetivos de marketing; 2. A estratégia do produto e das despesas; 3. A estratégia de distribuição; 4. Os elementos do marketing mix deverão ser usados; 5. A identificação dos melhores segmentos do mercado.	Objetivo: determinar o que comunicar através de anúncios. Inclui estabelecer: 1. Como o produto satisfazer às necessidades do consumidor; 2. Como o produto deve ser focado no anúncio; 3. Os temas da comunicação; 4. Os objetivos específicos de cada anúncio; 5. A quantidade e o tamanho dos anúncios.

Planejamento de mídia

Fonte: Sissors; Bumba, 2001, p. 26.

Como foi possível observar no Quadro 5.2, o planejamento de mídia se desenvolve a partir de um problema de marketing, que necessita ser solucionado. "Assim, o ponto de partida para um planejamento de mídia deveria ser uma análise da situação de marketing. Essa análise é feita para dar aos planejadores de marketing e de mídia uma boa visão de como a empresa vem agindo em comparação com seus concorrentes no mercado" (Sissors; Bumba, 2001, p. 24).

Dessa forma, o plano deve conter os objetivos de mídia, que são as metas para auxiliar a alcançar os objetivos de marketing. Logo em seguida, criam-se as estratégias, que consistem em uma série de ações voltadas a atingir os objetivos de mídia.

Quadro 5.3 Tipos de perguntas que levam às decisões sobre os objetivos e as estratégias de mídia

Objetivos de mídia	Estratégias de mídia
Que atitude devemos tomar frente à mídia utilizada pelos concorrentes?	Devemos utilizar a mesma combinação de mídia de concorrentes? Devemos estabelecer o mesmo peso que os concorrentes nas mensagens? Devemos ignorar os concorrentes?
Que ações tomar frente às estratégias de criação de nosso produto?	Que mídia/veículo se adaptam melhor? Algum tratamento especial (encartes, inserções)? Que dias e horários para trabalhar?
Quais tipos de pessoas deveriam ser o público-alvo primário e secundário?	Que padrões de uso do produto devemos levar em consideração? Qual a distribuição dos impactos estratégicos? Em que parte do dia?
Qual o equilíbrio necessário entre alcance e frequência?	Quais os níveis de alcance e frequência? Quais os níveis eficazes/frequência?

(continua)

(Quadro 5.3 - conclusão)

Objetivos de mídia	Estratégias de mídia
Precisamos de mídia nacional e/ou local?	Qual a proporção que deveria ser veiculada na mídia nacional? E qual a proporção na mídia local?
Que peso de mídia deveríamos dar ao padrão geográfico?	Onde devemos colocar mais investimento? Quando devemos fazer isso (semanalmente)? Qual o nível de peso/investimento para cada mercado?
Quais os objetivos de comunicação (ou objetivos eficazes) são necessários?	Qual o critério de eficiência que devemos utilizar?
A mídia deve apoiar as promoções? Por quê?	Qual a proporção do orçamento deveria ser utilizada? Qual combinação de mídia?
O teste de mídia é necessário? Como ele deveria ser utilizado?	Quantos testes e em que mercados devemos trabalhar?
O orçamento é suficiente para alcançar os objetivos?	Precisamos estabelecer prioridades? Quais precisamos alcançar, quais são opcionais? Precisamos de mais dinheiro do que o disponibilizado?

Fonte: Sissors; Bumba, 2001, p. 27.

Os objetivos de mídia e as estratégias a serem executadas caminham em conjunto. Por isso, é importante saber onde que se quer chegar, conhecer o público-alvo e dominar as estratégias que serão aplicadas para obter um resultado eficaz.

5.4.1
Roteiro de plano de mídia

Para estruturar o plano de mídia, é necessário observar um roteiro, que funciona como método cartesiano, que segue uma lógica em razão de seu caráter formal e uma lógica ordenada de passos. De acordo com Tamanaha (2011, p. 103),

"Não há um roteiro-padrão, nem mesmo um que possa ser considerado melhor. O importante é que o modelo adotado ofereça maior facilidade para se trabalhar e para ser apresentado ao cliente". O roteiro, segundo o autor, deve conter:

1) **Informações básicas**: De início, o profissional de mídia deve escrever com suas próprias palavras, de acordo com o entendimento sobre o *briefing*. Tamanaha (2011, p. 104) explica que, nesse primeiro momento, "não é comum fazer profundas considerações sobre o conteúdo, já que se tratam de informações obtidas do cliente e também porque não é esse o propósito do trabalho". Devem constar a descrição do produto/serviço e seus principais atributos; a análise dos dados gerais; a situação do mercado em que se encontra; as características e os diferenciais da concorrência; o público-alvo; os objetivos de marketing; as estratégias de marketing; o objetivo de comunicação; as estratégias de comunicação; a praça e o período de veiculação; e a verba disponível.

2) **Investimento da concorrência em mídia**: São os dados fornecidos pelo Ibope Monitor para detalhar o investimento total em mídia, o investimento por meio, por praça e por mês e a tática.

3) **Objetivo de mídia**: É o momento mais importante do plano de mídia. "Essas ações compreendem a definição das variáveis como alcance no público-alvo, frequência média e continuidade de veiculação, considerando os meios adequados, os veículos selecionados e a maneira como a veiculação será implementada" (Tamanaha, 2011, p. 107). Nessa fase, determinam-se o alcance que se quer atingir, a frequência média e a continuidade de veiculação.

4) **Estratégia de mídia**: Nesse momento, são escolhidos os meios a serem utilizados para atender ao objetivo de mídia. "Cada meio selecionado deve desempenhar um papel específico. Isso ajuda a evitar a tentação da escolha a partir de critérios subjetivos e também uma discussão em torno de pontos de vista, o que dificulta o processo de aprovação do plano" (Tamanaha, 2011, p. 110).Devem ser classificados os meios de comunicação em básico (principal da campanha), complementar (complementa o que foi escolhido como principal) e meio de apoio.

5) **Cronograma de veiculação**: Nele, é detalhado o período de uso de cada meio de comunicação escolhido. "Trata-se de um recurso gráfico que facilita a visualização de como os meios serão utilizados em um período, para atender às variáveis de mídia, e que possibilita a explicação de maneira simples e direta de como o pensamento estratégico será aplicado" (Tamanaha, 2011, p. 112).

6) **Tática de veiculação**: É a execução do plano de mídia, que envolve a análise dos dados de audiência ou penetração, do perfil e dos índices de afinidade e de rentabilidade dos veículos ou programas de TV.

7) **Anexos**: Diz respeito a tudo que pode complementar o plano de mídia, como o *ranking* de audiência, o perfil de audiência das emissoras e o histórico de circulação de jornais e revistas.

Veja, a seguir, o resumo do modelo de roteiro de plano de mídia.

I) Informação básica recebida pelo cliente:
   1) Situação do mercado
   2) Concorrência
   3) Objetivo e estratégia de marketing
   4) Objetivo e estratégia de comunicação
   5) Período de veiculação
   6) Praças e prioridades
   7) Verba disponível
   8) Público-alvo do produto/perfil sócio-econômico
   9) Público-alvo do produto/perfil psicográfico
II) Informação básica adquirida pela agência
   1) Investimento publicitário
   2) Meios utilizados
   3) Praças utilizadas
   4) Tática de veiculação
III) Objetivo de Mídia:
   1) Definição das variáveis quantitativas:
      a. Alcance no público-alvo – quantidade de pessoas do público-alvo que se pretende atingir com a campanha, expresso em percentual.
      d. Frequência Média – número médio de vezes que o público atingido deve assistir ao comercial.
      e. Continuidade – distribuição do esforço de veiculação durante o ano

VI) Estratégia de Mídia
  1) Seleção de meios tendo por base:
     a. Objetivos e estratégias de marketing e comunicação
     b. Variáveis de mídia – Alcance, Frequência Média e Continuidade
     c. Características intrínsecas dos meios
  2) Cada meio selecionado deve assumir uma função:
     a. Básico – Meio único ou principal da campanha
     b. Complementar – Complementa o meio básico em alguma variável
     c. Apoio – Reforça o meio básico na variável Frequência Média

VII) Cronograma de Veiculação
  Distribuição dos meios no ano, de acordo com o papel de cada um na campanha

VIII) Tática de veiculação
IX) Apresentação detalhada de como a veiculação será executada
  a. Mapa de programação
  b. Análise de rentabilidade
  c. Resumo de verba

X) Elementos de apoio a utilizar na exposição
  a. Dados da pesquisa
  b. Propostas de patrocínio
  c. Negociação com veículos

Nestes novos tempos, o mídia deve visitar os veículos e os canais de venda, para conhecer o máximo o ambiente em que atua. Deve saber sempre mais e melhor sobre sua área profissional. E seu conhecimento deve extrapolar o simples fato, quantitativo e tangível: o mídia deve desenvolver a capacidade de ver *além* dos números.

Fonte: Tamanaha, 2011, p. 32.

Cabe ao profissional de mídia estar sempre atento, já que ele desempenha um papel desafiador, pois precisa juntar todas as peças para que as estratégias funcionem de forma eficaz.

5.5 Pensamento estratégico e ferramentas de comunicação

Durante todo o planejamento de comunicação, é necessário desenvolver estratégias para que o planejamento tenha sentido. Assim, também são formatadas e elencadas todas as ferramentas de comunicação a serem usadas. "Funciona como um eixo em torno do qual as ações vão girar. É como se pegássemos uma estrada em direção a uma cidade sabendo de antemão o que encontraremos lá e também no caminho" (Tamanaha, 2011, p. 96).

As estratégias se referem à execução do plano, mas é preciso definir as ferramentas ou as técnicas que serão utilizadas e a respectiva importância para cada fase.

> A estratégia deve orientar o caminho a ser seguido e, como todo caminho, deve ser realizada passo a passo. Ela é definida em função de todas as análises realizadas, dos objetivos estabelecidos, das metas e do posicionamento que se deu ao produto ou empresa. (Lupetti, 2000, p. 107)

Antes de tudo, devem ser conhecidas as características de cada ferramenta/plataforma, de modo que que cada escolha seja a mais assertiva possível. Anteriormente, evidenciamos algumas características dos meios de comunicação tradicionais. Agora, analisaremos as ferramentas disponíveis na internet, já que cada vez mais o alcance é maior, conforme mostra a figura a seguir. Vale ressaltar que o uso de dispositivos móveis está mudando a configuração de recebimento de mensagens e, por isso, é importante não deixar de lado esse canal.

Figura 5.3 Dados sobre uso da internet no Brasil (janeiro/2020)

211,8 milhões	205,8 milhões	150,4 milhões	140 milhões
População total	Conexões por dispositivos móveis	Usuários de internet	Usuários de mídias sociais
87%	97%	71%	66%
Urbanização	vs. População	Penetração	Penetração

Fonte: Kemp, 2020, p. 17, tradução nossa.

Para que você se destaque, é preciso ter uma presença digital bem estruturada: "Dados mostram que 70% a 80% dos clientes em potencial pesquisam uma empresa *on-line* antes de visitar sua localização, entrar em contato ou comprar dela. Isso significa que 70 a 80% de suas vendas em potencial estão diretamente influenciadas por sua presença digital" (Gabriel; Kiso, 2020, p. 175).

Uma das primeiras ações a ser considerada por uma empresa é criar uma página digital, que pode ser caracterizada da seguinte forma (Gabriel; Kiso, 2020):

- *Sites*: São usados para apresentar conteúdos estruturados com categorias definidas e informações institucionais, podendo ser também comerciais, promocionais, informacionais etc.
- Mini *sites*: São direcionados para conteúdos verticais para um público específico. O teor dos conteúdos de um mini *site* é essencialmente informativo. São usados como partes de *sites* ou portais.

- *Hotsites*: São criados com prazo de validade para serem usados com foco em temas específicos e teor persuasivo.
- Portais: Não são considerados como *sites* grandes, mas disponibilizam conteúdo vertical para um público específico.
- *Blogs*: Publicam conteúdo diariamente e de maneira cronológica, com registros pessoais.
- Perfis em redes sociais: São páginas em plataformas de redes sociais na internet com o objetivo de promover o relacionamento com seu público. As principais redes são: Facebook, Instagram, LinkedIn, Pinterest e Twitter.
- *Landing pages*: São criadas para veicular anúncios com objetivos claros; cada *landing page* criada tem um único objetivo. A função é realizar o objetivo de marketing que resultou no clique para a página.

Figura 5.4 Acesso à internet

Hoje é imprescindível ter uma presença digital utilizando *sites*, pois o Google é a plataforma mais acessada no mundo. Então, para que a marca apareça para o público, é preciso ter um *site* para ranquear e aparecer nas pesquisas no maior buscador hoje do mundo.

Os ambientes imersivos também são bastante utilizados para estratégias *off-line* e *on-line*. Trata-se de realidades mistas, que combinam o mundo físico e virtual para produzir novos ambientes e visualizações de objetos coexistindo em tempo real.

Qualquer área pode beneficiar-se das realidades mistas, pois as possibilidades são ilimitadas. A figura a seguir exemplifica a configuração da realidade mista entre os dois mundos, o físico e virtual, utilizando estratégias de cada ambiente imersivo. Todas essas ferramentas só serão eficazes com a participação ativa do público, pois este que precisa manusear e entender a ideia do uso da plataforma.

Figura 5.5 Diagrama da sequência de virtualidade

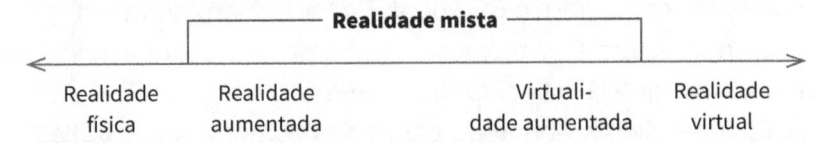

	Realidade mista		
Realidade física	Realidade aumentada	Virtualidade aumentada	Realidade virtual

Fonte: Elaborado com base em Gabriel; Kiso, 2020.

Essas tecnologias remontam a quase três séculos atrás. Não são, portanto, tecnologias novas, mas, com o passar do tempo, foram se aperfeiçoando e alcançando uso comercial, tornando-se, assim, mais populares. O desenvolvimento da realidade mista, segundo Gabriel e Kiso (2020), foi facilitado pelo avanço das tecnologias móveis, pelo barateamento, pela disseminação da banda larga e pelas melhorias nas tecnologias de processamento de dados e imagens.

Apesar de sua aparência moderna, na realidade, mundos virtuais on-line remontam a décadas. Inspirados pelo jogo de tabuleiro *Dungeons and Dragons* (da década de 1970), eles começaram simples com os participantes teclando características e ações para seus personagens. Desde então, melhorias constantes na computação gráfica, somadas à cada vez mais penetrante conexão de banda larga à internet, têm impregnado esses mundos com um realismo surpreendente e intensa atividade de representação social. (Gabriel; Kiso, 2020, p. 201)

O que é?

Realidade aumentada: Adição de elementos virtuais à realidade física para "ampliá-la". Uma das primeiras aplicações de realidade aumentada foi o *Videoplace* (1975), desenvolvido por Myron Krueger (Gabriel; Kiso, 2020).

Realidade virtual: *Games* imersivos e mundos virtuais, como o Second Life e o Facebook Horizon, inauguram um novo tipo de plataforma para a realidade virtual, uma nova linguagem que já está disponível *on-line* e tem potencial para ações de marketing específicas – promoção de vendas, por exemplo (Gabriel; Kiso, 2020).

Virtualidade aumentada: Um exemplo é o uso do Hololens, da Microsoft, para atividades profissionais como modelagem de produtos, exames médicos e instalações residenciais (Gabriel; Kiso, 2020).

As tecnologias *mobile* são outra ferramenta relevante para o desenvolvimento do plano de comunicação, pois cada vez mais aumenta o uso de *smartphones*, que se tornam uma peça-chave para qualquer estratégia na área de marketing.

O surgimento da tecnologia 3G em 2007, considerada internet de alta velocidade para aparelhos móveis; os dispositivos como *smartphones* e, anos depois, a comercialização e aceitação dos *tablets* possibilitaram a ampliação do mercado quanto às opções para divulgar seu produto/serviço. Além das formas tradicionais de publicar conteúdo – impresso, radiofônico, televisivo e *on-line* –, as empresas passaram a disponibilizar informações também nos dispositivos móveis, que requerem outro tipo de conteúdo, mais direcionado.

Cunha (2011) corrobora com a discussão afirmando que os *smartphones* representaram um avanço considerável no contexto da mobilidade no século XXI. Para o autor, o iPhone representou o início da "era *touch*", permitindo que o usuário manipule o celular com o toque dos dedos.

Hoje, não podemos pensar em estratégia de um plano de comunicação sem considerar os usos das tecnologias *mobile*. Como mostra a Figura 5.6, em janeiro de 2020, havia 205,8 milhões de conexões móveis no Brasil. O número de conexões móveis no Brasil, em janeiro de 2020, era equivalente a 96% do número total de usuários de internet (Kemp, 2020).

Figura 5.6 Usuários de internet via *mobile* no Brasil (janeiro/2020)

143,9 milhões	96%	95%	2,5%	4h41
Total de usuários de internet via dispositivos móveis	Porcentagem de conexões móveis em relação ao total de usuários de internet	Parcela de usuários de internet que se conectam à rede via smartphones	Parcela de usuários de internet que se conectam à rede via telefones convencionais	Média diária de tempo dedicado à internet via dispositivos móveis

Fonte: Kemp, 2020, p. 25, tradução nossa.

Outra ferramenta de comunicação relevante e necessária para qualquer tipo de mensagem são as redes sociais na internet. Segundo Recuero (2010, p. 24), "uma rede social é definida como um conjunto de dois elementos: atores (pessoas, instituições ou grupos; os nós da rede) e suas conexões (interações ou laços sociais)".

O advento da Internet trouxe diversas mudanças para a sociedade. Entre essas mudanças, temos algumas fundamentais. A mais significativa, para este trabalho, é a possibilidade de expressão e sociabilização através das ferramentas de comunicação mediada pelo computador (CMC). Essas ferramentas proporcionam, assim, que atores pudessem construir-se, interagir e comunicar com outros atores, deixando, na rede de computadores, rastros que permitem o reconhecimento dos padrões de suas conexões e a visualização de suas redes sociais através desses rastros. É o surgimento dessa possibilidade de estudo das interações e conversações através dos rastros deixados na Internet que dá novo fôlego à perspectiva de estudo de redes sociais, a partir do início da década de 90. É, neste âmbito, que a rede como metáfora estrutural para a compreensão dos grupos expressos na Internet é utilizada através da perspectiva de rede social. (Recuero, 2010, p. 24)

O número de usuários e a presença de empresas/produtos em plataformas de redes sociais só vêm aumentando ao longo do tempo. Esse fato mostra a importância de uma comunicação direcionada para essas plataformas, pois requer conteúdo responsivo e adaptado para essa realidade mobile e social.

Gráfico 5.1 Panorama das mídias sociais mais usadas no Brasil (janeiro/2020)

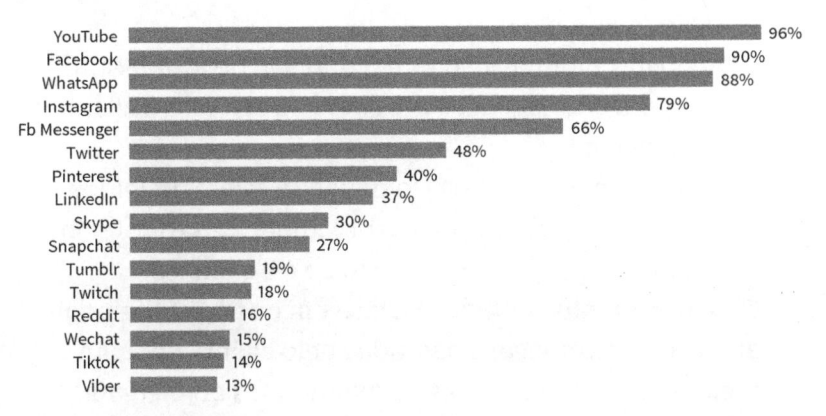

Plataforma	%
YouTube	96%
Facebook	90%
WhatsApp	88%
Instagram	79%
Fb Messenger	66%
Twitter	48%
Pinterest	40%
LinkedIn	37%
Skype	30%
Snapchat	27%
Tumblr	19%
Twitch	18%
Reddit	16%
Wechat	15%
Tiktok	14%
Viber	13%

Fonte: Kemp, 2020, p. 43.

Com base no Gráfico 5.1, constatamos que a plataforma de vídeo YouTube é a mais usada entre os brasileiros, seguida do Facebook e do aplicativo de mensagem WhatsApp. Assim, notamos a diversidade da presença nessas plataformas, estando a de vídeo na liderança. Isso reflete o comportamento dos usuários, ou seja, em quais meios eles estão consumindo mais conteúdo desse tipo.

Síntese

- Planejar é pensar em diversas ações cujo foco são o mercado, o público e o produto.
- Em uma agência de publicidade, o profissional de atendimento tem a função da elaborar o planejamento, pois é preciso ter conhecimento das técnicas de comunicação e das opções de sua utilização, além de elaborar o plano de ação mais efetivo.
- O plano de comunicação tem o objetivo de fortalecer uma marca para entregar seus produtos ou serviços a clientes em potencial.
- O *briefing* é o primeiro passo para que sejam definidos os objetivos, o público-alvo, o orçamento, as estratégias, as ações, o cronograma, a execução e a avaliação.
- O planejamento de mídia é a fase em que o profissional analisa as informações passadas pelo cliente para um melhor entendimento das peculiaridades do mercado, vendas do produto, concorrência, perfil do público.
- O desenvolvimento de estratégias no planejamento é necessário para que as etapas do trabalho sejam observadas e para definir como cada ferramenta escolhida no plano será usada. Assim, também são formatadas e elencadas todas as ferramentas de comunicação a serem usadas.

6
Elaboração
e apresentação
de uma
campanha
publicitária

Conteúdos do capítulo

- Etapas do planejamento de uma campanha: o *briefing*.
- Objetivo da campanha e estratégias: como alcançar o objetivo.
- O conceito criativo.
- A influência da psicologia nas campanhas publicitárias.
- A linguagem na campanha.
- A estética na campanha publicitária.

Após o estudo deste capítulo, você será capaz de:

1. entender todos os passos de elaboração de uma campanha publicitária;
2. reconhecer os tipos das campanhas e suas diferenças;
3. entender o que é *briefing* e suas etapas de elaboração;
4. identificar o público-alvo;
5. compreender os tipos de linguagem e qual é a ideal para cada tipo de mensagem;
6. entender como se constrói uma peça criativa para campanha.

A construção de uma campanha publicitária demanda um planejamento de comunicação claro para que, assim, possam ser definidos todos os objetivos a alcançar. O *briefing* é o primeiro passo para essa construção, pois é o momento em que se coletam informações do anunciante e de sua empresa para definir, logo após, o processo criativo.

Durante a elaboração da campanha, é preciso ter um *briefing* o mais completo possível para passar essas informações para o setor criativo, onde serão elaboradas todas as peças e definida a forma como estas influenciarão o consumo. Para tanto, devem ser adotadas estratégias da psicologia que permitam entender o público e como ele se comporta.

Assim, é possível fazer uso de uma linguagem persuasiva para atingir todas as necessidades e os desejos de dado público. Tudo isso deve constar na apresentação da campanha publicitária para que possa ser compreendida pelo anunciante e concretizada na prática.

6.1
Como elaborar e apresentar uma campanha publicitária

Uma boa campanha embasa-se em um planejamento de comunicação.

> O planejamento deve ser o pivô que centraliza, coordena e integra todos os fatores necessários à realização dos objetivos mercadológicos e de propaganda. Ele deve incluir avaliação e ajustes constantes. Todos os métodos têm aspectos limitativos ou restrições, mas podem ser também força motivadora.
> (Sant'Anna; Rocha Júnior, 2016, p. 106)

Reiteramos que é o público quem precisa receber a mensagem e consumi-la, ou seja, comprar ou usar o produto/serviço presente em determinada comunicação. Também ressaltamos que o conhecimento amplo sobre o produto, a concorrência, o mercado e o consumidor da empresa facilita a comunicação eficaz da mensagem.

> Para conseguirmos mobilizar e persuadir um público determinado, é preciso estabelecer, em primeiro lugar, a forma como iremos orientar a operação. É necessário ter consciência de como iremos trabalhar, de quais meios iremos utilizar e quais as possíveis reações das pessoas que receberão as mensagens. (Sant'Anna; Rocha Júnior, 2016, p. 102)

Por isso, no planejamento, é fundamental escolher a mídia certa para atingir o público potencial, que hoje é conectado e móvel. Só assim é a informação chegará ao consumidor com máxima eficiência. E isso permite entender a jornada de compra desses consumidores e suas características mais relevantes, como seus hábitos e de que forma vivem e consomem. Dessa forma, é importante descrever de maneira clara o produto/serviço para a persona daquele negócio. Franzão Neto (2000) lembra que, hoje, o mercado é bastante complexo e competitivo e, portanto, a ação da mídia e da mensagem tem de chegar à pessoa certa para que o investimento não seja em vão.

Além do entendimento da jornada do consumidor, há também uma análise de seu perfil em nível psicológico, pois formatos, cores e emoções que a marca pode transmitir induzem à compra ou apenas à admiração do produto. Para isso, há estudos que se dedicam a essa temática.

Há várias fontes psíquicas que engendram a motivação de um consumidor, entre elas, segundo Sant'Anna e Rocha Júnior (2016, p. 104), estão:

Instintos de nutrição:
Sexo
Conservação
Dominação

Desejo de prestígio
Bem-estar
Intelectualização
Sociabilidade

Reação de inferioridade
Ressentimento
Frustação
Ambivalência

Hábito social
Psíquico

Psicose social
Mental

Ao entender o consumidor, criar os objetivos, as estratégias e o plano de comunicação, chega o momento de escolher que tipo de campanha será realizada. Segundo Paiva (2017), o projeto de campanha pode ser uma combinação de um ou mais tipos. O que é importante é a identificação do foco principal e dos fatores que servirão como apoio.

Quadro 6.1 Tipos de campanha

Campanha institucional	Divulga a empresa como um todo, buscando a valorização e o reconhecimento da marca.
Campanha de propaganda	A principal característica é a divulgação do produto, informando os principais benefícios e atributos.
Campanha guarda-chuva	Evidencia as características da marca, as quais são associadas à linha de produtos.
Campanha promocional	Está atrelada a um mecanismo promocional e busca impulsionar vendas de imediato ou neutralizar ações da concorrência.
Campanha de incentivo	Estimula o aumento das vendas por meio de incentivos aos intermediários, ou seja, promotores, vendedores do varejo etc.
Campanha de preço	Destaca exclusivamente o preço ou os benefícios a ele atrelados, tais como leve três e pague dois.
Campanha cooperada	É comum em empresas de varejo, que estabelecem parcerias com os fornecedores ao dividirem os custos dos investimentos e os lucros com os resultados.

Fonte: Elaborado com base em Paiva, 2017.

O anunciante também deve entender que, para que uma campanha seja bem sucedida, esse planejamento deve começar na mesa de trabalho, visualizando a situação da empresa hoje e aonde pretende chegar, para, assim, escolher uma agência de comunicação capaz de transmitir essa informação de forma precisa e com maestria. Vale lembrar que propaganda é parte do marketing, sendo uma das ferramentas essenciais para divulgação e alcance de seu objetivo, pois uma boa estratégia de marketing pode auxiliar a campanha de propaganda a retornar resultados positivos.

Abordamos a agência de propaganda porque é onde, comumente, encontram-se os profissionais completos uma estrutura para gerenciar uma campanha. No entanto, há também, no mercado, pessoas com *expertise* para desenvolver esse tipo de trabalho de forma completa. Antes de tudo, o anunciante precisa passar todas as informações sobre a empresa. Esse é o momento de elaboração do *briefing*, para que as outras etapas sejam cumpridas. "A partir daí caberá à agência criar a campanha e recomendar a estratégia de veiculação (também chamada de estratégia de mídia)" (Gracioso, 2002, p. 82).

Ao ter em mente o objetivo, é preciso escolher que tipo de campanha será trabalhada, pois uma escolha certeira depende da meta a ser alcançada com essa ação.

6.2 Campanha institucional e promocional

No geral, as campanhas mais utilizadas são a institucional e promocional, que serão abordadas a seguir. A primeira se refere à divulgação da empresa ou instituição em seu todo. Segundo Gracioso (2002, p. 35), "como todas as formas de propaganda, a institucional tem por função influir sobre o comportamento das pessoas, através da criação, mudança ou reforço de imagens e atitudes mentais". Assim como a propaganda geral, a institucional busca persuadir e favorecer a imagem da empresa/instituição em relação ao que oferece, bem como de sua marca. Por isso, vale lembrar que o objetivo primordial não é vender, mas fazer com que a pessoa aceite a ideia e adquira uma predisposição para compra.

Para toda campanha publicitária, a mensagem é o ponto--chave para que ela seja aceita pelo público que a assiste, utiliza, escuta, lê etc. É o meio pelo qual a informação está sendo transmitida. Na institucional, os conceitos abordados são intangíveis, mais subjetivos, como a ética empresarial e o espírito da empresa frente a determinada ação, e, por isso, ela é mais seletiva, voltada para pessoas que tenham esse tipo de expectativa. Quando bem utilizada, segundo Gracioso (2002), a propaganda institucional reforça a imagem da empresa e a impulsiona, caso esse seja seu objetivo, pois a imagem da marca é trabalhada em cima de como ela é percebida pelo mercado e pelo seu público.

Exercício resolvido

A propaganda institucional atende a um objetivo específico, que é divulgar o lado subjetivo de uma empresa, algo intangível. Antes de definir a mensagem a ser transmitida é preciso entender como a imagem da empresa está posicionada e como é vista no mercado por seu público e por aqueles que possam ter interesse por ela, caso venham a ser impactados por alguma campanha dessa empresa. Com base nessa informação, assinale a alternativa correta.

    a) O público espera desse tipo de campanha qualidade, honestidade, grau de inovação e relação custo/benefício, para que não se sinta prejudicado caso venha a adquirir algo dessa empresa.

    b) A propaganda institucional consegue mudar radicalmente a imagem de uma empresa caso tenha o objetivo de informar que não é mais o que antes fora divulgado sobre ela.

c) A propaganda institucional busca vender rapidamente os produtos divulgados para que, assim, a empresa aumente o lucro e consiga posições importantes no mercado.

d) A propaganda institucional busca transmitir a visão ideológica e política que permeia a empresa e seus funcionários, para que, assim, só consiga clientes com esse mesmo pensamento.

Gabarito: A

***Feedback* do exercício**: A propaganda institucional precisa divulgar o que realmente é a empresa, para que o público confie naquele tipo de mensagem. Por isso, é importante ter um objetivo claro e uma mensagem direcionada para ética, missão e valores da empresa, assim, caso o consumidor realize uma pesquisa, encontrará esse tipo de informação em todos os canais da empresa.

Gracioso (2002, p. 41) ressalta que "as empresas com melhor imagem pública são também as que possuem objetivos estratégicos bem definidos e consciência clara de que a perenidade da empresa está acima das considerações ou vantagens circunstanciais".

É essencial ter uma visão clara da missão estratégica da empresa antes de elaborar uma campanha desse tipo. Nesse sentido, é necessário entender quais são os objetivos, as crenças e os valores; qual é o posicionamento no mercado, público que atende e pretende atingir; quais são as formas como deseja ser percebida; quais são as vantagens competitivas; qual é a imagem institucional e o que esta significa para os clientes e o ambiente de negócios. Só assim a mensagem será mais direcionada e clara.

Já a campanha promocional é mais direta e dirigida, com um objetivo específico. Por muito tempo, buscou-se com esse tipo de propaganda, atingir o maior número de pessoas, mas, hoje, com sociedade e público segmentados, os consumidores passaram a receber e a consumir conteúdo direcionados para suas preferências. Por esse motivo, reiteramos que é fundamental conhecer seu público para que a mensagem chegue de forma mais direta.

Atualmente, podemos afirmar que o conceito de propaganda permanece o mesmo: uma prática com o objetivo de vender produtos, serviços ou ideias, tendo uma linguagem diferente da jornalística e da literária, por exemplo. Mesmo assim, ela precisa se apropriar de várias linguagens para criar a própria, mais persuasiva.

> Sim, a publicidade quer conquistar nossos corações e nossas mentes, quer nos fazer consumir. Ela nos alimenta com a ideia de que nossos desejos podem ser realizados por meio daquilo que consumimos. E, ao nos alinharmos e nos identificarmos com uma marca, nos produzimos enquanto sujeitos de consumo. (Forechi, 2018, p. 64)

Vale lembrar que a propaganda, 30 anos atrás, por exemplo, era direcionada, primordialmente, para um público de massa, que consumia informação por meio da televisão, do rádio, dos jornais e das revistas, sendo a única distinção o consumidor de determinado veículo. Hoje temos a internet, que está permeada de publicidade de todo tipo, sendo disseminada de várias formas.

Com a internet, a grande vantagem para o consumidor é que ele pode pesquisar, comentar e buscar referências sobre um produto antes de realizar a compra. Isso não era possível em canais tradicionais, nos quais a comunicação era verticalizada.

6.3
Etapas do planejamento de uma campanha: o *briefing*

Para a criação de uma propaganda, é necessário cumprir algumas etapas e regras, começando pelo *briefing*, como já mencionamos anteriormente. Trata-se de um documento em que constam informações coletadas junto ao cliente e, depois, trabalhadas junto à equipe de criação, para que seja realizado o *brainstorm* e definida a linha de criação. Segundo Sant'Anna e Rocha Júnior (2016), o *briefing* deve conter todas as informações recolhidas durante a primeira abordagem com o cliente.

Ainda com a contribuição de Sant'Anna e Rocha Júnior (2016, p. 119), "o *briefing* é a base da aculturação de um profissional, que, após sua análise e a complementação de informações, deverá ter condições de propor decisões realmente eficientes para a empresa como um todo e para o problema ali apontado".

O que é?

O termo *briefing* é bastante usado em várias áreas hoje para se referir ao planejamento inicial, em que são coletadas as principais informações. *Briefing* é uma palavra derivada do verbo *to brief* (em inglês, resumir, sintetizar).

Públio (2013) afirma que a palavra *briefing* teve sua origem na Segunda Guerra Mundial, sendo utilizada pelos militares da aeronáutica. "Para evitar o vazamento de informações e ainda assim informar o pessoal envolvido na missão, foram idealizadas reuniões de *briefing* com os pilotos e equipes de combate cerca de 40 minutos antes do início do ataque" (Públio, 2013, p. 33-34).

Naquela época, eles tinham de lidar com muitas informações importantes e precisavam elencar suas prioridades. Com o tempo, o uso foi sendo adaptado principalmente às agências de publicidade, que adotam o *briefing* para coletar e registrar todas as informações importantes do cliente. Vale lembrar que existem modelos a serem seguidos, pois um *briefing* muito extenso dificulta a atuação da equipe.

> Os *briefings* de mídia devem refletir claramente todas as necessidades mercadológicas almejadas para a marca. A discussão interna, a interface com as demais áreas da mídia, como planejamento, pesquisa, compras, execução, e com os outros setores da agência, como pesquisa de mercado, planejamento estratégico, atendimento, criação, etc., deve ser constante, harmoniosa, sinérgica e alimentada sempre pelo objetivo único de encontrar as melhores e mais rentáveis alternativas de comunicação para a marca. E pouco importa se a ideia central, conceitual, vem da área de mídia, do planejamento estratégico, da criação.

O que realmente importa é a certeza de ter encontrado a melhor e mais eficaz alternativa estratégica de comunicação para a marca. (Franzão Neto, 2000, p. 19)

Existem vários modelos de *briefing* que têm o mesmo objetivo. Ele deve ser simples e objetivo, mas "após o *briefing* inicial recomenda-se o desenvolvimento de *briefings* específicos e complementares para as áreas específicas da agência, tais como: mídia, promoção, pesquisa, criação, etc." (Públio, 2013, p. 34). Por isso é importante que o *briefing* seja bem elaborado, apesar de objetivo, para alcançar um melhor desenvolvimento do trabalho. O responsável por coletar essas informações deve extrair o que puder do cliente e fazer com que ele explicite toda a abrangência e informações úteis sobre sua empresa/produto/serviço. Nesse sentido, o bom relacionamento com o cliente faz com que ele se sinta à vontade para falar de sua empresa e de seus concorrentes. "O *briefing* também deve deixar claro qual é o perfil da empresa, qual é o seu portfólio de produtos, qual a sua área de atuação, quais estratégias de marketing estão sendo utilizadas quais já foram testadas, quais as dificuldades, etc." (Públio, 2013, p. 38).

Figura 6.1 Momento de coleta das informações

Conhecer o perfil da empresa facilita a definição das etapas subsequentes. "A partir do *briefing* é possível se ter noção da dimensão da campanha e com isso já é possível imaginar qual será a verba necessária a se investir. [...] Cada projeto deve ser construído na dimensão exta das necessidades e recursos dos clientes" (Públio, 2013, p. 38).

Nesse momento, segundo Sant'Anna, Rocha Júnior e Garcia (2016), é necessário saber escolher que papel aquele produto deverá realizar e quais são as qualidades preponderantes que serão divulgadas em detrimento de outras. Além disso, é importante atentar à situação do mercado em que produtos da concorrência se encontram.

Os tópicos que devem ser apontados no *briefing*, segundo Frazão (2017, p. 73), são:

- descrição sumária do produto/serviço;
- perfil do *target*/público-alvo;
- descrição dos objetivos;
- promessa: melhor argumento motivador do produto em relação às oportunidades de mercado detectadas – é a base para o tema da campanha;
- razão de compra: informações que dão suporte à promessa básica;
- tratamento/personalidade da marca;
- exigências e limitações: política da empresa, gosto pessoal dos executivos etc.

Exercício resolvido

Antes da elaboração de qualquer campanha publicitária, é preciso coletar informações do cliente sobre toda a trajetória da empresa, aonde ela quer chegar, quem são seus concorrentes, qual é seu público e como ele se comporta perante seus produtos e segmentos etc. Dessa forma, podemos destacar que é um documento essencial. O termo *briefing* é utilizado em que situações?

a) Como o primeiro e grande instrumento de aculturação de uma agência ou de um time de profissionais de comunicação, pois é com ele que vai ser desenvolvida uma campanha.

b) Como instrumento de atualização constante de novidades da empresa; por isso, ele é mutável a todo instante e a cada etapa que se planeja algo em uma campanha.

c) Como um instrumento externo de uma agência, já processado por todas as áreas internas, pois é com ele que é planejado algo fora da agência de comunicação.

d) O termo *briefing* é bastante confundido e pouco usado nas agências de publicidade, pois ele não tem tanta utilidade como se espera no dia a dia de trabalho.

Gabarito: A

***Feedback* do exercício**: O *briefing* é um mecanismo que reúne tudo que o cliente quer para sua divulgação e é por meio dele que o atendimento de uma agência tem acesso aos detalhes da empresa contratante.

6.4
Como alcançar o objetivo da campanha: estratégias

As estratégias são os processos utilizados para alcançar o objetivo da empresa/produto/serviço coletado no *briefing*. "Assim, a estratégia deverá orientar o percurso que deverá ser seguido em toda a campanha" (Paiva, 2017, p. 74). Existem vários tipos de estratégias: posicionamento, reposicionamento, indiferenciada, defesa, ofensiva, informação, testemunho, comparação e humor. É possível trabalhar com uma ou mais estratégias. A mais utilizada é a de posicionamento, que "é levar o consumidor a identificar o produto como sinônimo de determinada característica" (Paiva, 2017, p. 74).

Quadro 6.2 Conheça as demais estratégias mencionadas

Reposicionamento	O consumidor que identificava determinado produto por uma característica passa a enxergá-lo de outra forma.
Indiferenciada	Não prioriza características específicas do produto e, em geral, é utilizada em produtos considerados *commodities*.
Defesa	Normalmente utilizada pela marca líder quando atacada pelos concorrentes, por uma estratégia ofensiva.
Ofensiva	Evidencia as fragilidades do concorrente. Em geral, é utilizada pelas marcas que não ocupam a liderança.
Informação	Busca apenas informar as características e vantagens do produto.
Testemunho	É aplicada para dar credibilidade ao produto.

(continua)

(Quadro 6.2 – conclusão)

Comparação	Nesse tipo de campanha, comparam-se o produto anunciado e as marcas líderes, sem prejudicar a imagem de nenhum produto.
Humor	Trata-se de uma estratégia bem-aceita quando trabalhada com cuidado. De outro modo, pode surtir efeito contrário, pois é possível que o consumidor sinta-se ofendido.

Fonte: Elaborado com base em Paiva, 2017.

Uma das estratégias mais utilizadas, como dissemos, é a do posicionamento, pois todo resultado da propaganda trabalhada em uma campanha depende de como ela é posicionada, de como tudo foi decidido previamente em um planejamento de comunicação. "Para se ter sucesso em nossa sociedade de supercomunicação, é necessário que uma organização crie uma posição na mente do comprador potencial" (Sant'Anna; Rocha Júnior; Garcia, 2016, p. 122).

Na prática, posicionamento compreende saber:

- Qual posição desfrutamos na mente do consumidor?
- Qual posição queremos ter?
- Quem devemos ultrapassar?
- Temos recursos suficientes para conquistar e manter a posição?
- Poderemos manter a posição?
- Os esforços de comunicação são coerentes com a nossa posição? (Sant'Anna; Rocha Júnior; Garcia, 2016, p. 122)

Posicionar uma marca é ir além de levá-la a um patamar de importância dentro da categoria do produto/serviço com o qual se pretende trabalhar e que será divulgado. Mas o que importa, hoje, é fazer com que a marca seja lembrada pelos consumidores tanto no ambiente *off-line* quanto no digital. Por isso, é fundamental pensar a presença digital da empresa.

No ambiente *on-line*, a presença digital é um dos primeiros pontos a serem abordados quando se almeja que a marca se torne relevante. E não se trata apenas de recorrer a estratégias como ter um *site* para ser ranqueado no Google, mas engloba também a presença em várias outras plataformas para atingir o público variado em gênero, idade, preferências etc.

Para saber mais

A palavra *posicionamento* popularizou-se na década de 1970, quando foi usada pela revista *Advertising Age*. Os artigos publicados nessa revista foram intitulados de *A era do posicionamento* (Públio, 2013). Para complementar a leitura, acesse: <http://www.portcom.intercom.org.br/pdfs/2285e0f578088fe1c14739101abcf7ad.PDF>.

Quando se pensa em posicionar uma marca, é preciso estabelecer uma relação desta com a mente humana, pois, segundo psicólogos, não conseguimos armazenar mais do que sete informações ao mesmo tempo. "Isso porque as pessoas têm que se lembrar de coisas como: número de telefones, nomes de pessoas, data de aniversário, e principalmente das tarefas diárias, além das marcas dos produtos e serviços" (Públio, 2013, p. 164). Por isso é tão desafiador fazer com que uma marca chegue até os consumidores – principalmente hoje, na era da informação, em que somos bombardeados o tempo todo por mensagens. Assim como na internet, em que as pessoas confiam no que aparece primeiro para elas no Google, no dia a dia, é comum os consumidores tentarem se lembrar de alguma marca de que ouviram falar ou que já compraram para voltar a consumi-la.

Na publicidade, há vários tipos de estratégias para que a marca seja lembrada pelo consumidor. Não é uma tarefa fácil, pois requer bastante investimento para divulgar nas mídias tradicionais e nas disponíveis *on-line* (nestas, é possível monitorar o alcance por meio das métricas).

> Como posicionamento está mais relacionado com o que o consumidor pensa sobre a marca do que com aquilo que propõe a comunicação, é interessante que se faça uma investigação para tentar entender qual é a imagem que o público tem sobre a marca. Somente dessa forma é possível propor uma comunicação adequada. (Públio, 2013, p. 166)

Para chegar a esse resultado, existem diversas formas de entender o posicionamento da empresa.

Quadro 6.3 Como entender o posicionamento da empresa

Qual é a posição que você tem?	Quem deve responder a essa pergunta é o mercado, e não o diretor de marketing da empresa.
Qual é a posição que você quer ter?	Descreva qual é a posição que almeja a longo prazo.
Quem você deve enfrentar?	Procure escolher uma posição onde não haja ninguém por perto.
Você se comporta de acordo com a sua posição?	O posicionamento restringe a criatividade. Por isso, os anúncios veiculados devem estar de acordo com a posição da empresa no mercado.
Você tem dinheiro suficiente?	É preciso investimento para conquistar um espaço na mente do consumidor, para estabelecer uma posição e para mantê-la.

(continua)

(Quadro 6.3 – conclusão)

As pessoas percebem você de acordo com a sua posição proposta?	É importante estar atento ao mercado e descobrir o que as pessoas estão pensando sobre a empresa. Uma dica é realizar pré-testes de campanhas para verificar como são percebidas. Outro caminho interessante é procurar na internet essa resposta.

Fonte: Elaborado com base em Públio, 2013.

Dessa forma, é possível perceber a complexidade para entender o que é posicionamento e como alcançá-lo. Nesse contexto, é fundamental que a relação entre a agência e o anunciante seja bastante estreita para que não haja interpretações que não condizem com a realidade da empresa. Assim, a empresa precisa ter em mente aonde quer chegar para, dessa forma, ajudar a agência com uma mensagem clara e objetiva de sua meta na condição de marca. Ela deve entender qual é sua proposta de valor em relação a seus produtos/serviços e a seus concorrentes, e o que ela pretende com uma nova campanha para atingir seu público e novos clientes. É o momento de identificar as características positivas que diferenciam a marca das demais, o que vai motivar os consumidores a comprar um produto ou a adquirir um serviço daquela marca, enfim, os fatores que influenciarão o processo de decisão de compra.

Perguntas & respostas

Após definir todo o posicionamento da campanha, qual o próximo passo?

Essa fase é a justificativa. Ao ser escolhida a linha a ser seguida, a justificativa seguirá para embasar a campanha e os passos subsequentes.

Com relação aos produtos, como posicioná-los em uma campanha?

Há produtos/serviços que têm mais qualidades do que outros. Então, com base na justificativa, é possível entender como trabalhar com cada produto/serviço da marca e que estratégias serão utilizadas.

Dessa forma, o posicionamento orienta a mensagem que a campanha deseja transmitir, para que a abordagem do setor criativo aponte como vai produzir e transmitir essa comunicação.

6.5
Como comunicar o conceito criativo

Esse é o momento de encantamento, pois é a fase em que o anunciante irá entender e conhecer as peças criativas. Por meio de uma defesa, há todo um contexto para explicar em quais veículos essas peças devem aparecer para o consumidor e de que maneira. E quando se fala em criatividade, vale reforçar que todos nós somos criativos. Precisamos apenas desenvolvê-la por meio de várias técnicas, como adquirir um repertório diferente do seu para ampliar a visão de mundo e ir além no pensamento.

> Ser criativo em comunicação de marketing não é apenas 'ver o que todo mundo vê, mas de uma maneira diferente', é propor uma forma diferente de ver o mundo e com isso provocar uma reação no público-alvo. Esse é o momento de arregaçar as mangas e propor a melhor criação possível para seu anunciante, mas não se esqueça de que a ideia tem que estar de acordo

com todo o planejamento e, principalmente, adequada a seu público-alvo. (Públio, 2013, p. 174).

Tudo que já vivenciamos, as sensações, as experiências, as emoções, é levado em consideração no processo criativo. Além disso, buscamos algo que não esteja dentro do contexto cultural em que vivemos. Só depende de cada um despertar seu lado criativo, e isso deve ser um exercício diário de busca pelo novo e pelo diferente, pois assim é possível pensar além do óbvio e inovar na hora de construir uma campanha publicitária. Gracioso (2002, p. 153) lembra que todos nós somos criativos, mas "em termos práticos, leva vantagem quem trabalha numa empresa cuja cultura é aberta às mudanças e à inovação. [...] As pessoas são estimuladas a identificar as oportunidades do mercado e a experimentar soluções ainda não aprovadas".

Quem está a frente do processo criativo deve também despertar o seu lado empreendedor, pois deve se portar como dono da ideia para que o processo funcione e ele consiga colocar em prática tudo que vem à mente para que a comunicação seja autêntica e tenha um caráter inovador para sua época.

Para saber mais

A criatividade precisa de liberdade para se manifestar. Não é sob pressão que você conseguirá despertar seu lado criativo. Então, um ambiente propício pode ajudar, principalmente se você estiver com a mente aberta para aprender e adquirir um repertório diferente. Acesse o link a seguir para assistir a uma reportagem sobre criatividade: <https://www.youtube.com/watch?v=ytEiAXApTLQ>.

Diferentemente do nosso dia a dia, em que usamos a criatividade para lidar com problemas diários, na publicidade, ela é uma exigência, pois se trata de trabalho e tem prazo determinado. "É uma condição para o sucesso na venda de um produto ou serviço. Sendo assim, os profissionais de publicidade e da propaganda, além de talento, precisam desenvolver técnicas para conseguirem resolver problemas e responder às demandas" (Forechi, 2018, p. 100).

O momento da apresentação se divide em dois: a defesa da ideia ou conceito e a exposição das peças publicitárias. No momento da apresentação, deve-se relembrar o problema que a comunicação pretende resolver. Esse problema já foi detalhado anteriormente, quando se elaborou o plano de comunicação. Após esse passo, é preciso descrever o objetivo da comunicação, que também já foi elaborado. Agora, o momento é de apenas explanar novamente para que haja a compreensão do todo.

Em seguida, defende-se o posicionamento, pois esse é o momento de juntar todas as ideias e tentar encontrar os possíveis problemas para dar prosseguimento ao processo. Logo após essa etapa, justifica-se o projeto com o intuito de mostrar que tipo de mensagem e qual benefício será oferecido ao consumidor para que ele adquira o produto/serviço.

Também é preciso descrever as qualidades e os diferenciais da marca que se pretende divulgar. É a hora de elencar os pontos importantes para que a equipe e o cliente entendam o passo a passo de como se chegou àquele processo criativo. Trata-se de mais uma descrição do que já foi discutido no planejamento. Chega-se, então, ao momento da apresentação do conceito criativo.

Públio (2013, p. 176) lembra que "o conceito criativo nada mais é do que o posicionamento expresso sob a forma de texto, é o carro-chefe da criação. É aquilo que se pretende dizer com a campanha". É o momento em que se relaciona e se pergunta o que se pretende comunicar, pois o anunciante precisa ter clara essa informação para que o processo criativo não seja prejudicado.

Exemplificando

Conheça alguns *slogans* marcantes na história:

- *Abuse e use C&A*. A empresa se destacou ao longo dos anos ao trazer o primeiro garoto-propaganda negro da história do país, isso na década de 1990. Sebastian ilustrou as campanhas da marca de forma animada e dançando, o que ajudou a consolidar a marca.
- *Bombril: 1.001 utilidades*. Ao longo dos anos, as campanhas da Bombril marcaram época com o garoto-propaganda Carlos Moreno e suas imitações peculiares de pessoas famosas.
- *Skol: a cerveja que desce redondo*. A Skol trabalhou por muitos anos com temas ligados ao universo infantil, o que foi proibido. Então, começou a apostar em mulheres bonitas e em um *slogan* para passar a mensagem de que a cerveja é tão agradável que "desce redondo" e agrada a todos (Públio, 2013).

Após a definição do tema, deve-se pensar sobre a linha a ser seguida no processo de elaboração da campanha, ou seja, a abordagem que será a escolhida para comunicar esse tema e a maneira como o consumidor deve se familiarizar com a campanha. Deve haver a assinatura da marca em toda a campanha, desde seu logotipo até cores, tipologia, símbolos etc. É quando se cria também o *slogan*, algo que chame a atenção do público logo no primeiro momento de divulgação da marca.

Por fim, deve-se fazer a apresentação das peças em tamanho reduzido para que o anunciante entenda tudo que será produzido e como será veiculado nas mídias já escolhidas.

Exercício resolvido

Quando se fala em criatividade na comunicação, logo se pensa na área de publicidade e propaganda, pois se pressupõe que seja um processo criativo que só esses profissionais são capazes de compreender. No entanto, todos nós somos criativos, mas precisamos despertar esse lado. Com base nessas informações, assinale a alternativa **incorreta**.

a) Despertar o lado criativo em uma agência de publicidade é ter referências e liberdade para criar e pensar, e a empresa também precisa entender isso.

b) Pesquisas apontam que profissionais que se destacaram em seus trabalhos mais criativos eram pessoas bem preparadas e com domínio técnico e conhecimento sobre diversas áreas.

c) Além de dominar sua área, é preciso conhecer outras para que o processo criativo em uma agência seja capaz de produzir trabalhos nos diversos setores, pois agências atendem todo tipo de cliente.

d) O processo criativo precisa que você se concentre em apenas uma área e tenha domínio sobre ela, de acordo com o setor do anunciante. Então, é preciso que a agência tenha profissionais com conhecimento sobre várias áreas para atender empresas diversas.

Gabarito: D

Feedback do exercício: Qualquer profissional, principalmente de agência de publicidade, deve abrir a mente e despertar seu lado criativo, utilizando técnicas propícias para tal, pois, para trabalhar com propaganda, é preciso pensar além e buscar referências em várias áreas, fazendo com que a comunicação funcione de acordo com públicos diversos para cada anunciante que procurar os serviços de uma agência.

6.6
A influência da psicologia nas campanhas publicitárias

Antes de analisarmos a influência da psicologia nas campanhas publicitárias, vamos descobrir seu significado. Segundo Feldman (2015), trata-se de uma área do saber que estuda o comportamento humano e seus processos mentais. O estudo do comportamento humano teve uma grande importância na atividade da propaganda, já que esta depende do público para que sua mensagem seja eficaz.

"Quando compramos algum produto ou serviço estamos verdadeiramente trocando dinheiro por sentimento. Pode ser um sentimento de satisfação, de alegria, de realização, ou mesmo de fuga, ou ansiedade, entre muitos outros" (Forechi, 2018, p. 118). Nesse contexto, é imprescindível conhecer o consumidor e compreender suas necessidades, seus desejos, seus hábitos de compra etc.

Figura 6.2 Hábitos de compras

Ivan Kruk/Shutterstock

Estudos científicos já provaram que nosso cérebro tem dois lados: o emocional e o racional. O primeiro geralmente atua quando tomamos atitude sem nos darmos conta.
Já o racional envolve nosso pensamento consciente, exigindo esforço e análise. Na publicidade, o comportamento do consumidor está relacionado com esses dois aspectos, uma vez que é possível despertar emoções no consumidor fazendo com ele compre determinado produto, por exemplo.

> A estratégia de escolha de qual tipo de sentimento vamos querer causar com uma campanha deve ser tomada com grande cuidado, pois, tanto sentimentos positivos como, por exemplo, o de fazer rir, como os negativos, precisam ter relação estreita

com o tipo de produto ou serviço que está sendo anunciado. Certamente um comercial de um hospital para pacientes com câncer tem grandes chances de ser mal interpretado ao trabalhar seu conceito de forma cômica. (Forechi, 2018, p. 111)

Vale lembrar que o objetivo da propaganda, seja qual for o produto, é fazer com que o relacionamento do consumidor com a marca seja de longo prazo e que ele se torne um cliente fiel. O trabalho é árduo e há a necessidade de um planejamento estruturado e com objetivos claros.

As empresas e a agência de comunicação precisam, dessa forma, conhecer todo o processo que o consumidor realiza até efetivar a compra. O modelo AIDA (Atenção, Interesse, Desejo e Ação) é um dos mais utilizados para ajudar nessa tarefa de identificação.

Para saber mais

Foi em 1898 que o ST. Elmo Lewis criou o modelo AIDA com o objetivo de auxiliar as equipes a vender mais. O método é bastante usado por equipes de marketing para entender o comportamento do consumidor e suas peculiaridades. Para conhecer mais sobre o assunto, acesse: <https://neilpatel.com/br/blog/aida/>.

Esse modelo pode ser visto também como funil, onde cada etapa exige um tipo de trabalho diferente e uma estratégia única. A fase de atenção é aquela em que o produto/serviço deve despertar o interesse do consumidor. Nesse momento, em que ele já conhece o produto/serviço, é preciso fazer com que queira explorar mais as características e outras informações do item divulgado.

Na fase do desejo, o consumidor passa a querer conhecer mais o produto/serviço, buscando informações adicionais para decidir se vai adquirir ou não. "É nessa etapa que o profissional precisa fazer os olhos do consumidor brilharem e seu coração bater mais forte. É preciso criar a sensação do 'eu tenho que ter este produto' ou 'eu preciso usufruir deste serviço'" (Forechi, 2018, p. 113).

A internet ainda traz à tona comentários, positivos ou não, indicações e referências sobre o que o consumidor busca. Por esse motivo, a empresa deve monitorar constantemente sua presença digital, de modo a evitar uma imagem negativa na rede mundial de computadores.

A ação é considerada a fase mais importante do modelo AIDA, pois é o momento da compra ou da contratação do serviço. É quando o consumidor toma a decisão de adquirir ou não o item. Nessa fase, a comunicação deve ser persuasiva, com vistas a conquistar a pessoa que está interessada nesse tipo de produto/serviço.

6.7
A linguagem na campanha

A produção textual é um momento relevante da propaganda, pois é por meio de sua construção que uma campanha pode alcançar ou não o sucesso. "A linguagem é um sistema, estritamente humano, organizado através de signos ou sinais, que funciona como meio de comunicação, para fazermos com que a mensagem que queremos emitir, chegue ao receptor" (Forechi, 2018, p. 121).

Dois tipos de linguagem são relevantes aqui: a linguagem verbal, apresentada pela fala e pela escrita; e a não verbal, que pode ser manifestada por meio da dança, da mímica, das expressões faciais, da entonação da voz, da pintura etc. Na propaganda, a linguagem verbal se expressa, por exemplo, pelo texto de um anúncio ou pelo que é falado em um comercial para televisão ou rádio. Já a não verbal é usada por meio das cores de uma embalagem, por exemplo, ou das imagens usadas em uma campanha publicitária.

Em razão da riqueza de possibilidades da linguagem não verbal, ela depende da subjetividade e do conhecimento do consumidor para que seja compreendida. Por isso, é importante, no momento da elaboração do plano de comunicação, entender para quem se deseja comunicar essa mensagem, qual é o tipo de público e suas características.

> Não é novidade para você que a linguagem na propaganda em o propósito de causar sensações no leitor, favoráveis ao produto ou serviço que está sendo anunciado. O objetivo final é conquistá-lo e convencê-lo a consumir o que está sendo vendido. Assim, essa linguagem se caracteriza por ser persuasiva. Não precisa, no entanto, necessariamente ser escrita. Pode ser também visual, auditiva e até olfativa, trabalhando, inclusive, mais de um tipo de linguagem numa mesma mensagem. (Forechi, 2018, p. 123)

Na publicidade, essa linguagem precisa ser coloquial, e não culta e formal. Na maioria das vezes, são usados verbos no imperativo, dando ordens, como: "Compre batom".

A propaganda pode se valer das funções de linguagem, a saber: referencial, conativa ou apelativa, fática, emotiva ou expressiva e poética. Além disso, podem ser empregadas figuras de linguagem bastante utilizadas, como antítese, apóstrofe, paradoxo, comparação, metáfora, elipse, metonímia, eufemismo, sinestesia, prosopopeia, ironia, pleonasmo, anáfora, hipérbato, aliteração e onomatopeia. No Quadro 6.4, apresentamos alguns conceitos de figuras de linguagem para que você possa utilizá-las em suas campanhas.

Quadro 6.4 Figuras de linguagem

Antítese	É a figura que utiliza palavras antônimas em uma mesma frase.
Apóstrofe	É um chamamento, quando se pretende invocar alguém.
Paradoxo	Trata-se de opostos, assim como a antítese, porém não podem coexistir, pois se anulam.
Comparação	É a figura de linguagem que faz uma comparação explícita.
Metáfora	É um tipo de comparação, mas consiste na relação entre duas palavras.
Elipse	Suprime-se uma expressão que, apesar de não exposta, pode ser identificada pelo leitor.
Metonímia	É uma figura de substituição.
Hipérbole	Refere-se ao exagero proposital. São exageros que não podem existir e servem para chamar a atenção.
Eufemismo	Caracteriza-se pela amenização de um fato.
Prosopopeia	Atribuem-se sentidos racionais a elementos não racionais ou caraterísticas a um ser que não são próprias dele.
Hipérbato	É caracterizada pela inversão proposital da ordem das palavras em uma frase.
Aliteração	É uma figura de som e repetição de consoantes.

Fonte: Elaborado com base em Forechi, 2018.

A propaganda utiliza esses recursos para que sua mensagem seja relevante e compreensível para o público que ela almeja atingir.

6.8
A estética na campanha publicitária

Ao falarmos em estética, referimo-nos à filosofia, pois desde o início da humanidade, a estética e a beleza foram estudadas e questionadas pelos filósofos, cada um conceituando-as de forma diferente. "Foi no século XVII que o estudo da estética e do belo atingiu seu apogeu. O filósofo alemão Georg Wilhelm Friedrich Hegel afirmou que a beleza era uma das armas mais poderosas que o homem possuía para superar seu trágico destino" (Forechi, 2018, p. 134).

Na propaganda, a beleza é expressa pelas imagens, por meio dos signos, que são códigos visuais ou textuais, representando uma língua ou cultura. Já o significante é o que percebemos por meio desse signo. Então, uma mesma mensagem utilizando signos pode ser compreendida por um público e por outro não, pois depende de seu entendimento sobre o assunto.

Em um país como o Brasil, onde há regiões e culturas distintas, uma campanha publicitária deve priorizar a cultura de cada lugar, para trazer o público para mais perto da marca e identificá-la por meio de sua mensagem. No entanto, muitas vezes isso não acontece, pois os veículos de comunicação tradicionais reforçam muito a publicidade nacional oriunda do Sudeste, que tenta trazer uma visão de mundo única.

Ao utilizar linguagem verbal, é possível afetar o lado emocional do público por meio de várias estratégias vistas anteriormente. Além disso, uma peça publicitária deve apresentar uma estética visual agradável aos olhos de quem a recebe. Isso se consegue por meio de técnicas em que serão usadas cores e fontes que transmitam o que se quer atingir. "Isso significa que a estética visual não está vinculada apenas ao uso de uma imagem, mas também ao visual como um todo e ao que estamos querendo comunicar" (Forechi, 2018, p. 139).

Quando se trata da internet, a estética é muito importante, porque a dispersão e o excesso de informações podem atrapalhar ou fazer com que a mensagem não seja compreendida de imediato. Então, hoje, são necessários estudos e produções para cada tipo de veículo, de acordo com suas características, para que a comunicação seja direcionada e alcance seu objetivo.

Síntese

- No marketing, a área de propaganda é essencial para divulgar e traçar uma boa estratégia. Esse é o pontapé inicial para uma campanha publicitária, pois o plano de comunicação precisa ser elaborado primeiro.
- Ao elaborar uma estratégia de campanha, é preciso considerar os vários tipos sendo possível adotar mais de um tipo em um projeto. Primeiramente, deve-se identificar o ponto central e aonde se quer chegar para atingir o público-alvo.
- A campanha institucional é um dos tipos mais usados, pois a partir dela se divulgam informações a respeito de quem é a empresa/produto, qual é a missão e quais são os valores da marca. Assim, a empresa pode tornar-se conhecida e presente.

- Ao se elaborar uma campanha, a primeira coisa a se fazer é o *briefing*, pois é nele que devem constar as informações da empresa e do anunciante, coletadas em uma primeira abordagem. Após sua análise, pode ser que seja preciso realizar uma complementação de informações.
- No que diz respeito ao comportamento do consumidor, pesquisas afirmam que nosso cérebro tem dois lados: o emocional e o racional. O primeiro atua quando tomamos atitude sem nos darmos conta; já o segundo está relacionado com o pensamento consciente. Na publicidade, o comportamento do consumidor está relacionado com esses dois aspectos.

Estudo de caso

Texto introdutório

O presente caso aborda a situação de um profissional que busca lançar sua empresa no mercado de trabalho, mas não sabe definir seu público nem como chegar até ele de forma mais assertiva. O maior desafio é o pouco dinheiro para investir, mas precisa da ajuda de uma agência de comunicação para conseguir ter um planejamento mais adequado.

Texto do caso

O advogado e engenheiro Daniel Wanderley vai abrir uma nova empresa na área da construção civil e precisa contratar uma agência de publicidade para fazer a divulgação de seu novo negócio. Ele tem a concepção da empresa, mas não sabe por onde começar a divulgar nem como conquistar clientes.

Daniel se formou há três anos, já teve passagem por outras empresas, onde aprendeu como trabalha um engenheiro, suas atribuições e os problemas que esse tipo de serviço pode provocar. No entanto, ele começou a sentir necessidade de ter seu próprio negócio, pois acredita que já tem experiência suficiente e quer um espaço próprio para poder administrar.

Durante o tempo em que trabalhou para outras empresas, ele juntou dinheiro para investir em um negócio próprio. Também buscou cursos paralelos, como o de administração e marketing, para entender essas duas áreas imprescindíveis para qualquer negócio. Foi quando percebeu que sozinho não conseguiria estruturar nem divulgar seu negócio.

Além disso, após pesquisas, percebeu o dinheiro que havia guardado não seria suficiente para fazer a campanha publicitária de divulgação. Então, solicitou um empréstimo para divulgar seu negócio da forma mais completa possível.

Diante desse exposto, como Daniel pode escolher a agência de comunicação ideal para o negócio dele? O que é necessário conter no *briefing* que ele vai construir junto com a agência? Quais são os pontos que merecem mais destaques no caso da nova empresa de Daniel?

Resolução

Antes de procurar uma agência, Daniel Wanderley buscou conhecimento antes na área de administração, já que vai precisar para administrar seu negócio, e na área de marketing, pois acreditava que isso seria suficiente para, sozinho, abrir e divulgar seu novo empreendimento. No entanto, são áreas que precisam de profissionais capacitados e aptos para tal tarefa.

O primeiro passo que ele deve fazer é pesquisar as agências de publicidade de sua cidade/estado e, até mesmo, nacionais, já que ele emprestou do banco o dinheiro que acredita ser suficiente para uma boa divulgação. Daniel deve procurá-las para uma conversa prévia e solicitar orçamento para saber o que realmente vai conseguir pagar.

Outro detalhe importante é saber se essas agências trabalharam em sua área de atuação, pois a experiência da agência vai contar muito nesse sentido. Após a escolha do local onde vai trabalhar e do orçamento, o próximo passo é a primeira reunião.

Nessa primeira reunião, geralmente a agência designa um profissional do setor de atendimento para coletar informações preliminares e elaborar um *briefing*. Daniel também precisa colaborar com essa fase para passar o máximo de detalhes que conhece sobre seu negócio e seu público, para que, assim, o atendimento consiga expressar no documento tudo que faz parte da realidade da área.

Após esse entendimento, o documento é encaminhado ao setor de criação, onde serão elaboradas as primeiras peças criativas, já que precisa de um novo logo, *slogan* e demais formatos criativos. Logo em seguida, há uma segunda reunião para apresentação desse material para aprovação e ajustes que deverão ser feitos.

Assim que comecem as produções, a agência deve fazer contatos com as mídias onde serão veiculadas as peças e elaborar o Plano de Comunicação e de Mídia, pois orçamento e meios de comunicação deverão ser contemplados nesses planejamentos. Dessa forma, nada sairá do controle, e o orçamento será suficiente.

Há também a fase de pesquisa do público, que é essencial para que a mensagem chegue ao consumidor do serviço que

Daniel vai oferecer, já que é uma área bastante específica, com público e linguagem característicos.

Após a realização da campanha, é preciso avaliar os resultados e verificar se tudo ocorreu conforme o planejado e se os objetivos foram atingidos.

Dica 1

Muitas vezes, buscamos um serviço pelo seu preço, por ser o mais baixo do mercado, porém, isso pode ser um verdadeiro "tiro no pé", pois, se a agência cobra bem mais barato que as demais, pode ser que ela não tenha profissionais realmente capacitados para tal serviço.

Outra dica é investigar a reputação e a *expertise* da agência para lidar com o produto/serviço a ser divulgado, para saber se ela se encaixa no perfil e se pode trazer os resultados esperados.

Dica 2

Atente-se ao planejamento de mídia que a agência vai elaborar, pois é uma das partes mais importantes do processo. É o momento em que serão definidos o público e o veículo mais receptivo. Não ache que anunciar em todos os veículos é a solução, pois, às vezes, uns dois deles atendem melhor ao objetivo proposto.

São necessários estudos e avaliações até da parte do cliente para compreender qual veículo de comunicação mais se adequa à sua realidade, pois só ele é capaz de entender melhor seu negócio e onde quer chegar. Dica de leitura disponível em: <https://rockcontent.com/br/blog/meios-decomunicacao/>.

Dica 3

Após toda campanha, é importante analisar o que deu certo ou não para que os erros não se repitam. Na internet, é possível acompanhar todas as métricas importantes para seu negócio, pois, traçando o objetivo, é possível definir os indicadores-chave de *performance* e saber se realmente a campanha teve conversão ou não.

Dica de leitura disponível em: <https://www.publicidade naweb.com/2014/08/20/metricas-de-marketingdigital/>.

Considerações finais

Compreender o atendimento publicitário é essencial, sobretudo, por ser um assunto contemporâneo e que atravessa outros debates, como o uso de técnicas, recursos e habilidades que envolvem a tecnologia. Nos dias atuais, o publicitário precisa estar em congruência com o ritmo, o desejo e a linguagem do cliente.

Também não podemos desconsiderar o quanto a publicidade está interligada com outras áreas, como a comunicação, o marketing e a administração. Nosso levantamento bibliográfico permitiu apresentar conceitos importantes, evoluções e praticidades relacionadas ao mercado publicitário. As produções acadêmicas nos ajudam a pensar como essas descobertas científicas estão sendo aplicadas e transformadas em serviços.

Dessa maneira, é possível entender a teoria e a prática do atendimento publicitário em geral. Ainda nesse contexto, destacamos algumas mudanças contemporâneas ligadas às pesquisas, aos trabalhos e às projeções digitais que estão sendo desenvolvidas no campo estudado. Esses estudos impactam o futuro dos profissionais publicitários.

Bibliografia comentada

KOTLER, P; KELLER, K. L. **Administração de marketing**. 14. ed. São Paulo: Pearson Prentice Hall, 2012.

Esse livro é considerado um dos principais a serem lidos por estudantes tanto do Marketing quanto de Publicidade e Administração. Por meio dele, o leitor pode aprender sobre as principais características do marketing e a quem se aplica. Os autores fazem uma retrospectiva e explicam o marketing para o século XXI. O livro é ideal para quem está começando a estudar o assunto – aliás, essa é uma das obras mais utilizadas nos ambientes universitários.

Em um dos capítulos, o leitor conhecerá como funciona a captação de oportunidades de marketing, tópico que dá nome ao terceiro capítulo do livro. É possível estudar a respeito da criação de relações a longo prazo entre as empresas e os clientes. Afinal, essa pode ser uma boa alternativa para que as empresas cresçam e ganhem mais visibilidade no mundo corporativo.

SANT'ANNA, A.; ROCHA JÚNIOR, I.; GARCIA, L. F. D. **Propaganda**: teoria, técnica e prática. 9. ed. São Paulo: Cengage Learning, 2016.

Esse livro contribui de diversas formas para a formação do estudante de Publicidade e Propaganda, sobretudo, no que diz respeito aos principais conceitos da publicidade e criação publicitária. Considerada uma referência para os pesquisadores, a obra é indicada para todos aqueles que desejam se aprofundar no assunto. Como o próprio título anuncia, o livro oferece uma experiência de teoria e prática da publicidade e da propaganda. Os leitores poderão entender os passos para construir uma campanha publicitária, por exemplo.

A cada nova edição lançada, os leitores poderão consultar as atualizações do conteúdo publicitário. Um capítulo que aborda aspectos bastante atuais é o décimo, que trata sobre leis e regulamentos. Você pode ter noções sobre os princípios básicos da relação entre a agência e o cliente, sobre filmes e fotografias e como esses elementos devem ser abordados na área. Também vale destacar que o livro dedica um capítulo exclusivamente para as propagandas políticas.

KUNSCH, M. M. K. **Relações públicas e modernidade**: novos paradigmas na comunicação organizacional. São Paulo: Summus, 2006.

Margarida Maria Krohling Kunsch é um dos grandes nomes na área das relações públicas no Brasil. A obra mencionada é considerada uma radiografia do momento histórico da área, refletindo sobre os novos rumos da comunicação organizacional. O material serve como uma análise das tendências das relações públicas e da comunicação organizacional, apoiando-se em um importante referencial teórico. Vale frisar que surge um novo contexto a ser pensado, que caminha no sentido de uma sociedade cada vez mais tecnológica e globalizada.

A obra é indicada por ajudar na compreensão histórica e evolutiva das áreas mencionadas, além de abordar aspectos conceituais e básicos da profissão publicitária. A autora discorre sobre a modernidade, o perfil contemporâneo e a comunicação, evidenciando como os profissionais precisam se atualizar constantemente.

KOTLER, P.; KARTAJAYA, H.; SETIAWAN, I. **Marketing 4.0**. Tradução de Ivo Korytowski. Rio de Janeiro: Sextante, 2017.

Quando falamos em marketing, um dos principais autores da atualidade é Philip Kotler. Ele já havia trabalhado em obras anteriores com marketing 1.0, focado no produto; marketing 2.0, voltado ao consumidor; marketing 3.0, centrado no ser humano; e, agora, marketing 4.0, que é um desdobramento do anterior. O autor acredita que o marketing precisa acompanhar o mercado e as mudanças do consumidor, que hoje está mais conectado, usando da mobilidade e consciente do que consome.

O assunto principal desse livro é a jornada do consumidor, pois, assim, é possível entender que as pessoas passam por diversos níveis de consciência (não conhece o produto, já conhece a marca ou está no momento de compra) e nem sempre estão aptas a comprar, mas a mensagem precisa chegar a elas para que, um dia, possam tornar-se clientes e, principalmente, defensoras da marca. Hoje, o mercado está mais horizontal e inclusivo em razão das redes sociais, que permitiram uma presença maior e mais democrática das pessoas, que ganharam voz.

PÚBLIO, M. A. **Como planejar e executar uma campanha de propaganda**. 2. ed. São Paulo: Atlas, 2013.

Toda campanha publicitária requer estratégias e plano a serem seguidos. Marcelo Abílio Públio traz, nessa obra, um roteiro estruturado para que qualquer pessoa consiga desenvolver um planejamento estratégico de comunicação.

É importante saber como formatar esse planejamento e que linguagem será utilizada para atingir o público certo. No livro, há também um modelo de interpretação do ambiente da organização e como trabalhar a análise SWOT, que é necessária para esse tipo de situação.

Também é abordado o passo a passo para definir os objetivos e as estratégias de comunicação, bem como as etapas para criar uma campanha bem estruturada. Além das questões práticas, há embasamento teórico e dicas para que o profissional seja capaz de realizar um bom planejamento e tenha resultado em uma campanha de sucesso com todas as estratégias traçadas de forma coerente.

Referências

ABA – Associação Brasileira de Anunciantes. **Guia ABA de Boas Práticas do Relacionamento entre Agências de Publicidade e Clientes.** 2019. Disponível em: <http://sinapromt.org.br/wp-content/uploads/2019/04/Guia-ABA-Ag%C3%AAncia-Cliente.pdf>. Acesso em: 11 mar. 2021.

AUCAR, B. S. **A publicidade no Brasil**: agências, poderes e modos de trabalho (1914-2014). Tese (Doutorado em Comunicação Social) Pontifícia Universidade Católica do Rio de Janeiro, Rio de Janeiro, 2016.

BACCEGA; M. A. et al. **O impacto da publicidade no campo comunicação/educação**: recepção de professores e alunos de Ensino Médio. Anuário Internacional de Comunicação Lusófona, São Paulo: Escola Superior de Propaganda e Marketing (ESPM), 2007. Disponível em: <http://www.lasics.uminho.pt/ojs/index.php/anuario/article/view/734>. Acesso em: 11 mar. 2021.

BALTAZAR, M. **Inbound marketing x outbound marketing**: em qual investir? 5 maio 2018. Disponível em: <https://rockcontent.com/br/blog/inbound-marketing-x-outbound-marketing/>. Acesso em: 11 mar. 2021.

BAPTISTA, I, C, Q; ABREU, K. C. K. **O fluxo de trabalho numa agência de propaganda: do *briefing* ao *checking*.** 2011. Disponível em: <http://www.bocc.ubi.pt/pag/baptista-abreu-o-fluxo-de-trabalho-numa-agencia-de-propaganda.pdf> Acesso em: 11 mar. 2021.

BARBAN, A. M., CRISTOL, S. M., KOPEC, F. J. **A essência do planejamento de mídia**. São Paulo: Nobel, 2001.

BARBOSA, L. **Cultura e empresas**. Rio de Janeiro: Jorge Zahar Editor, 2002.

BARBOSA, L. N. H. Cultura administrativa: uma nova perspectiva das relações entre antropologia e administração. **RAE – Revista de Administração de Empresas**, São Paulo, v. 36, n. 4, p. 6-19, 1996.

BARRADAS, J. M. C. S. **Inbound marketing**: como atrair candidatos para uma instituição. Instituto Universitário Militar, Departamento de Estudos Pós-Graduados, Curso Estado-Maior Conjunto, 2019/2020.

BOONE, L. E; KURTZ, D. L. **Marketing contemporâneo**. São Paulo: Cengage Learning, 2009.

BRUCE, M; COOPER, R; VAZQUEZ, D. Effective Design Management for Small Business. **Design Studies**, v. 20, p. 297-325, 1999.

CAIROLLI, O. B. **Comunicação empresarial integrada (nas organizações modernas)**. São Paulo, 1992. (Apostila).

CAPPO, J. **O futuro da propaganda**. São Paulo: Pensamento – Cultrix, 2003.

CARDOSO, O. O. Comunicação empresarial versus comunicação organizacional: novos desafios teóricos. **RAP**, Rio de Janeiro, v. 40, n. 6, p. 1.123-1.144, 2006.

CARDOZO, F. M. **Surge um novo profissional de mídia**: a nova realidade da mídia como meio de comunicação da publicidade comercial e sua repercussão nos investimentos nessa área. Trabalho de Conclusão de Curso (Graduação em Publicidade e Propaganda). Universidade Federal do Rio de Janeiro, Escola de Comunicação, Rio de Janeiro, 2006.

CASTELLS, M. **A sociedade em rede**. 6. ed. Tradução de Roneide Venancio Majer. São Paulo: Paz e Terra, 1999. v. 1. (A era da informação: economia, sociedade e cultura).

CÉSAR, A. et al. **Campanha publicitária**: surpreenda-se com Boca D'água Delicatessen. XXI Prêmio Expocom – Exposição da Pesquisa Experimental em Comunicação, Intercom – Sociedade Brasileira de Estudos Interdisciplinares da Comunicação, 2014.

CHAVES, L. E. et al. **Gerenciamento da comunicação em projetos**. 3. ed. Rio de Janeiro: FGV, 2014.

CIPRIANI, F. **Blog corporativo**: aprenda como melhorar o relacionamento com seus clientes e fortalecer a imagem da sua empresa. São Paulo: Novatec Editora, 2013.

CORRÊA, R. **Comunicação integrada de marketing**: uma visão global. São Paulo: Saraiva, 2006.

COSTA, R. **Quando começaram as propagandas políticas no Brasil?** 1º set. 2009. Disponível em: <https://novaescola.org.br/conteudo/2385/quando-comecaram-as-propagandas-politicas-no-brasil>. Acesso em: 11 mar. 2021.

CUNHA, F. A. S. **As transformações das agências de publicidade e os seus novos modelos**. Universidade Europeia, 2018.

CUNHA, R. E. S. **Revistas no cenário da mobilidade**: a interface das edições digitais para tablets. Dissertação (Mestrado em Comunicação e Cultura Contemporâneas), Universidade Federal da Bahia, Salvador, 2011.

CURVELLO, J. J. A. **Os estudos de comunicação organizacional e as novas abordagens sistêmicas**. Intercom – Sociedade Brasileira de Estudos Interdisciplinares da Comunicação, 2009.

DANTAS, E. B. **A agência de comunicação publicitária como empresa**. O lado menos charmoso da publicidade e da propaganda. São Paulo: Atlas, 2015.

FELDMAN, R. S. **Introdução à psicologia**. 10. ed. Porto Alegre: Amgh, 2015.

FORECHI, M. **Concepções teóricas na propaganda**. Porto Alegre: SAGAH, 2018.

FRANZÃO NETO, A. Mídia: função básica.In: PREDEBON, J. (Org.). **Propaganda**: profissionais ensinam como se faz. São Paulo: Atlas, 2000.

FREITAS, D. C. **A importância do atendimento nas agências brasileiras**. Monografia (Graduação em Comunicação Social). Faculdade de Tecnologia e Ciências Sociais Aplicadas, Brasília, 2008.

GABRIEL, M.; KISO, R. **Marketing na era digital**: conceitos, plataformas estratégias. 2. ed. São Paulo: Atlas, 2020.

GENELOT, D. **Manager dans la complexité:** reflexions à l'usage des dirigents. 3. ed. Paris: Insep Consulting, 2001.

GIDDENS, A. **As consequências da modernidade**. São Paulo: Ed. da Unesp, 1991.

GOMES, N. **Publicidade comunicação persuasiva**. Porto Alegre: Sulina, 2003.

GORDON, I. **Marketing de relacionamento**: estratégias, técnicas e tecnologias para conquistar clientes e mantê-los para sempre. São Paulo: Futura, 1999.

GRACIOSO, F. **Propaganda**: engorda e faz crescer a pequena empresa. São Paulo: Atlas, 2002.

HALINEN, A. **Relationship Marketing in Professional Services**. London: Routledge, 1997.

HANSON, D. **Relacionamento com clientes como política empresarial**. II Simpósio de Excelência em Gestão e Tecnologia (SEGeT), p. 940-949, 2005.

HOFRICHTER, M. **Análise SWOT**: quando usar e como fazer. Porto Alegre: Simplíssimo Livros, 2017.

IBOPE – Instituto Brasileiro de Opinião Pública e Estatística. **Como o brasileiro percebe e avalia a propaganda**. 2009. Disponível em: <http://www.abap.com.br/images/publicacoes/abap_ibope.pdf>. Acesso em: 11 mar. 2021.

IZOTON, T. L. M; MOZER, T. S; SOUZA, F. M. S. **O atendimento publicitário no contexto da publicidade contemporânea**. Congresso de Ciências da Comunicação na Região Sudeste, 21, 2019.

JENKINS, H. **Cultura da convergência**. Tradução de Suzana Alexandria. São Paulo: Aleph, 2008.

JENKINS, H. **Cultura da convergência**. São Paulo: Aleph, 2011.

JOVINSKI, M. A. **Marketing digital para prospectar clientes**. Congresso Internacional de Administração, Gestão estratégica: empreendedorismo e sustentabilidade, 2012.

KEMP, S. Digital 2020: Brazil. **All the Data, Trends, and Insights You Need to Help You Understand How People Use the Internet, Mobile, Social Media, and E-commerce**. 17 fev. 2020. Disponível em: <https://datareportal.com/reports/digital-2020-brazil>. Acesso em: 11 mar. 2021.

KOTLER, P. **Administração de marketing**: análise, planejamento, implementação e controle. 5. ed. São Paulo: Atlas, 1998.

KOTLER, P.; ARMSTRONG, G. **Princípios de marketing**. 7. ed. Rio de Janeiro: LTC, 1999.

KOTLER, P.; ARMSTRONG, G. **Princípios de marketing**. 12. ed. São Paulo: Pearson Prentice Hall, 2007.

KOTLER, P.; KARTAJAYA, H.; SETIAWAN, I. **Marketing 4.0**. Tradução de Ivo Korytowski. Rio de Janeiro: Sextante, 2017.

KOTLER, P; KELLER, K. L. **Administração de marketing**. 12. ed. São Paulo: Pearson Prentice Hall. 2006.

KOTLER, P; KELLER, K. L. **Administração de marketing**. 14. ed. São Paulo: Pearson Prentice Hall, 2012.

KOTLER, P; MINDAK, W. Marketing e relações públicas: parceiros ou concorrentes. Briefing. **Catálogo Brasileiro de Profissionais de Relações Públicas**, São Paulo, v. 2, 1980.

KUNSCH, M. M. K. Gestão integrada da comunicação organizacional e os desafios da sociedade contemporânea. **Comunicação e Sociedade**, p. 68-88, 1999.

KUNSCH, M. M. K. **Relações públicas e modernidade**: novos paradigmas na comunicação organizacional. São Paulo: Summus, 2006.

LAMBE, C. J.; SPEKMAN, R. E. National Account Management: Large Account Selling or Buyer-Supplier Alliance? **The Journal of Personal Selling and Sales Management**, v. 17, n. 4, p. 61-74, 1997.

LUPETTI, M. **Administração em publicidade**: a verdadeira alma do negócio. São Paulo: Pioneira Thomson, 2003.

LUPETTI, M. **Planejamento de comunicação**. São Paulo: Futura, 2000.

MACHADO, L. S. **A influência do Instagram na atitude do consumidor**: ferramenta de marketing e prospecção de novos clientes. Trabalho de Conclusão de Curso (Graduação em Sistemas de Informação). Antonio Meneghetti Faculdade, Restinga Seca. 2019.

MARTINS, A. et al. Entrevista atendimento publicitário. **Revista da Graduação da Faculdade Paulus de Comunicação – FAPCOM**, ano 3. v. 6, 2017.

MARTINS, I. C. **Desenvolvimento dos relacionamentos entre as agências e os seus clientes**. Dissertação (Mestrado em Marketing), Universidade de Lisboa, 2017.

MARTINS, J. S. **Redação publicitária:** teoria e prática. São Paulo: Atlas, 1997.

MARTINS, Z. **Redação publicitária**: a prática na prática. 3. ed. Barueri (SP): GEN LTC, 2012.

MARTINS, Z. **Propaganda é isso aí!** Um guia para os novos anunciantes e futuros publicitários. São Paulo: Atlas, 2002.

MENAN, M. G. A importância da comunicação interna nas organizações. **Revista Eletrônica Saber**, p. 1-11, 2006.

MODERNO, M. C. S. Mecanismos psicológicos da publicidade e do marketing. **Millenium**, Lisboa, n. 20, 2000.

PAIVA, E. **Projeto experimental de propaganda**. 3. ed. São Paulo: Cengage Learning, 2017.

PALMERSTON, V. B. et. al. **A prática da comunicação integrada nas organizações**. Congresso Brasileiro de Ciências da Comunicação, p. 1-17, 2004.

PAULILLO, J. **5 estratégias de marketing para vendas que você deveria aprender**. Disponível em: <https://www.agendor.com.br/blog/estrategias-de-marketing-para-vendas/>. Acesso em: 11 mar. 2021.

PEREIRA, S. A. L. Clima e cultura organizacional no ambiente empresarial. **Revista Científica Eletrônica de Administração**, ano 8, n. 15, 2008.

PEREZ, C.; FOGAÇA, J.; SIQUEIRA, R. Pesquisa de mercado. In: PEREZ, C.; BARBOSA, I. S. (Orgs.). **Hiperpublicidade**: atividades e tendências. São Paulo: Thomson Learning, 2008. v. 2.

PIACINI, A. G. **O atendimento publicitário nas agências de comunicação**. Monografia (Graduação em Publicidade e Propaganda). Faculdade Ciências Sociais Aplicadas, Centro Universitário de Brasília, Brasília, 2007.

PIRES, J. C. S; MACÊDO, K. B. Cultura organizacional em organizações públicas no Brasil. **RAP**, Rio de Janeiro, v. 40, n. 1, p. 81-105, 2006.

PORÉM, M. E. Dimensões da comunicação organizacional. In: SANTOS, C. M. R. G. (Org). **Estratégias competitivas: comunicação, inovação e liderança**. Bauru: Universidade Estadual Paulista, Faculdade de Arquitetura, Artes e Comunicação, 2015. p. 18-32.

PROJECT MANAGEMENT INSTITUTE. **A Guide to the Project Management Body of Knowledge** – PMBOK® Guide 2000 Edition, Pennsylvania-USA, 2000.

PÚBLIO, M. A. **Como planejar e executar uma campanha de propaganda**. 2. ed. São Paulo: Atlas, 2013.

RAMOS, R. **Do reclame à comunicação**: pequena história da propaganda no Brasil. 3. ed. São Paulo: Atual, 1985.

RANGEL, I. L. C. A. **A pesquisa de marketing como apoio às propagandas das empresas de pequeno porte**. Congresso Brasileiro de Ciências da Comunicação, 22., Rio de Janeiro, 1999.

RECUERO, R. **Redes sociais na internet**. Porto Alegre: Sulina, 2010. (Coleção Cibercultura).

ROBBINS, S. P.; SOBRAL, F. **Comportamento organizacional**. 14. ed. São Paulo: Prentice-Halll, 2012.

ROCK CONTENT. **Atendimento publicitário**: o que é e como fazer de forma eficiente? 17 jan. 2017. Disponível em: <http://rockcontent.com.br/blog/atendimento-publicitario/>. Acesso em: 11 mar. 2021.

ROCK CONTENT. **Saiba como aproveitar ao máximo suas campanhas usando uma estratégia de comunicação integrada**. 6 set. 2018. Disponível em: <https://rockcontent.com/br/blog/comunicacao-integrada/>. Acesso em: 11 mar. 2021.

SAMPAIO, R. **Propaganda de A a Z**: como usar a propaganda para construir marcas e empresas de sucesso. 4. ed. rev. e ampl. Rio de Janeiro: Elsevier, 2013.

SANT'ANNA, A. **Propaganda**: teoria, técnica e prática. 8. ed. São Paulo: Cengage Learning, 2008.

SANT'ANNA, A.; ROCHA JÚNIOR, I.; GARCIA, L. F. D. **Propaganda**: teoria, técnica e prática. 9. ed. São Paulo: Cengage Learning, 2016.

SANTIAGO, M. P. Comunicação integrada de marketing. **Coleção Gestão Empresarial**, p. 31-41, 2002.

SCHLEDER, V. N; SILVA, D. R. P. O uso da internet como uma ferramenta de marketing de relacionamento nas agências de comunicação de Santa Maria - RS. **Revista Iniciacom**, v. 2, n. 22, p. 1-21, 2010.

SEBRAE – Serviço Brasileiro de Apoio às Micro e Pequenas Empresas. **A importância da cultura organizacional para o seu negócio**. 23 mar. 2017. Disponível em: <https://www.sebrae.com.br/sites/PortalSebrae/artigos/artigosPessoas/a-importancia-da-cultura-organizacional-para-o-seu-negocio,2516dfdafccea510VgnVCM1000004c00210aRCRD>. Acesso em: 11 mar. 2021.

SETA, C. R; MAINARDES, W. E; SILVA, E. R. T. Ações de marketing de relacionamento utilizadas pelas agências de publicidade e propaganda. **ReMark - Revista Brasileira de Marketing**, v. 15, n. 2, p. 281-296, 2016.

SHIMP, T. A. **Propaganda e promoção**: aspectos complementares da comunicação integrada de marketing. 5. ed. Porto Alegre: Bookman, 2002.

SILVA et al. Marketing de relacionamento na manutenção de clientes: um estudo em uma agência do banco alfa em Vitória/ES. **Qualit@s Revista Eletrônica**, v. 16, n. 2, 2014.

SILVA, C. P. A. **Análise da postura de anunciantes brasileiros com relação à remuneração de agências de propaganda**. Dissertação (Mestrado em Administração de Empresas), Fundação Getúlio Vargas, São Paulo, 2005. Disponível em: <http://bibliotecadigital.fgv.br/dspace/bitstream/handle/10438/5855/44533.PDF?sequence=1&isAllowed=y>. Acesso em: 11 mar. 2021.

SILVA, C. R. Estratégias para prospectar clientes nas pequenas agências de propaganda. **Revista de Ciências Gerenciais**, v. 15, n. 21, 2011.

SILVA, S. S.; SOARES, V. D. Atendimento e planejamento em agências de publicidade e propaganda de Porto Alegre: um estudo sobre estratégias e ferramentas. **Revista Práxis – Teoria e Prática Literária**, 2019.

SIMÕES, R. P. Relações públicas: visão ingênua e crítica. In: DORNELLES, S. M. G. (Org.). **Relações públicas**: quem sabe, faz e explica. Porto Alegre: EDIPUCRS, 2007.

SISSORS, J. Z.; BUMBA, L. J. **Planejamento de mídia**: aferições, estratégias e avaliações. Tradução de Karin Wright. São Paulo: Nobel, 2001.

SOBREIRA, I. B. S.; JESUS, I. S. O. **Mídias digitais como recurso para captação de novos clientes**. Revista Innovare, n. 28, jul./dez. 2019.

SOUZA, B. L. R; CRISPINO, F. O uso do crowdsourcing como ferramenta estratégica de relacionamento entre o cliente e a marca: uma análise do caso camiseteria.com. **Revista Anagrama: Revista Científica Interdisciplinar da Graduação**, v. 6, n. 1, 2012.

SOUZA, M. B. S.; RODRIGUES, A. A. O processo de comunicação no Projeto PROFISCO/RN. **Revista de Gestão e Projetos – GeP**, São Paulo, v. 3, n. 3, p. 88-108, 2012.

SOUZA, T. **O atendimento publicitário além das atividades comerciais**: o profissional gestor de projetos. Trabalho de Conclusão de Curso (Graduação em Comunicação Social). Faculdade de Tecnologia e Ciências Sociais, Brasília, 2013.

STORBACKA, K. Strategic Account Management Programs: Alignment of Design Elements and Management Practices. **Journal of Business & Industrial Marketing**, p. 259-274, 2012.

TAMANAHA, P. **Planejamento de mídia**: teoria e experiência. São Paulo: Pearson Prentice Hall, 2006.

TAMANAHA, P. **Planejamento de mídia**: teoria e experiência. 2. ed. São Paulo: Pearson Prentice Hall, 2011.

TARSITANO, P. R; NAVACINSK, S. D. G. Metamorfose de uma nova publicidade. Encontro dos Núcleos de Pesquisa da Intercom, 5, Congresso Brasileiro de Ciências da Comunicação, 28. **Anais...**,2005.

TAVARES, M.; TAVARES, I. G. **Planejamento de comunicação**: curso essencial. São Paulo: Atlas, 2007.

TOLEDO, G. L; FORTES, W. G. Relações públicas e marketing: uma abordagem estratégica. **Revista de Administração**, São Paulo, v. 24, n. 3, p. 3-10, jul./set. 1989. Disponível em: <http://professor.pucgoias.edu.br/SiteDocente/admin/arquivosUpload/17352/material/rp%20de%20mkt.pdf>. Acesso em: 11 mar. 2021.

TORRES, C. **A bíblia do marketing digital**: tudo o que você queria saber sobre marketing e publicidade na internet e não tinha a quem perguntar. São Paulo: Novatec Editora, 2009.

TREVISAN, N. M. O mito da comunicação integrada. **Revista Imes**, p. 47-57. 2003.

TSCHOHL, J. **Encantando totalmente o cliente**. São Paulo: Makron Books, 1996.

VARANDA, L. I. A. **Inbound marketing**: estudo sobre a percepção da credibilidade da fonte em comunidades on-line. Dissertação (Mestrado em Marketing), Instituto Universitário de Lisboa, 2010.

VASCONCELOS, L. R. **Manual de sobrevivência para as organizações do século XXI**. São Paulo: Summus, 2009.

VIANNA. A. R. **Comunicação organizacional integrada**: sua importância para gestão estratégica, UFBA, 2008.

VIARO, F. S; BERNARDES, M. M. S; SILVA, R. P. O briefing como ferramenta auxiliar na gestão de projetos em microempresa de publicidade. **Competência**, Porto Alegre, v. 7, n. 1, p. 97-114, 2014.

VIEIRA, R. F. **Comunicação organizacional**: gestão de relações públicas. Rio de Janeiro: Mauad, 2004.

ZENONE, L. C.; BUAIRIDE, A. M. R. **Marketing da promoção e merchandising:** conceitos e estratégias para ações bem-sucedidas. São Paulo: Cengage Learning, 2011.

ZIRBES, C. O ciclo ideal de vendas digitais. **Oracle Brasil Blog**, 15 fev. 2018. Disponível em: <https://blogs.oracle.com/oracle-brasil/o-ciclo-ideal-de-vendas-digitais-v2>. Acesso em: 11 mar. 2021.

Sobre a autora

Kalyenne Antero é jornalista formada pela Universidade Estadual da Paraíba (UEPB) e mestra em Ciências Sociais pela Universidade Federal de Campina Grande (UFCG). Trabalhou como assessora de imprensa nas áreas de política, educação e cultura. Atuou como produtora no radiojornalismo, repórter do impresso e do digital, redatora, editora e *social media*. Ministrou curso de curta duração em Comunicação Institucional.

Os papéis utilizados neste livro, certificados por instituições ambientais competentes, são recicláveis, provenientes de fontes renováveis e, portanto, um meio **responsável** e natural de informação e conhecimento.

Impressão: Reproset
Agosto/2023